Franz Mehring

Zur Geschichte der deutschen Sozialdemokratie

Ein historischer Versuch

Franz Mehring

Zur Geschichte der deutschen Sozialdemokratie
Ein historischer Versuch

ISBN/EAN: 9783743654501

Hergestellt in Europa, USA, Kanada, Australien, Japan

Cover: Foto ©ninafisch / pixelio.de

Weitere Bücher finden Sie auf **www.hansebooks.com**

Zur Geschichte

der

deutschen Socialdemokratie.

Ein historischer Versuch

von

Franz Mehring.

Magdeburg.

Druck und Verlag der Faber'schen Buchdruckerei A. & R. Faber.

1877.

I.

Die nachfolgende Darstellung bezweckt weder eine erschöpfende, noch eine kritische Geschichte des deutschen Socialismus zu geben. Auch erhebt sie nicht den Anspruch, sein Entstehen und Wachsen im organischen Zusammenhange der europäischen Arbeiterbewegung zu schildern. Für Beides wäre heute kaum schon die Zeit, und zudem ließen sich diese Aufgaben schwer in dem engen Rahmen einer Schrift lösen, welche sich nicht sowohl an das Interesse fachwissenschaftlicher Kreise, als an die Theilnahme des gebildeten Publikums im Allgemeinen wendet. Es soll hier nur der äußere Verlauf der socialistischen Parteiagitation in seinen charakteristischen Gestalten und Phasen geschildert werden, jene schwindelnde Jagd nach dem Glücke, die am 23. Mai 1863 zu Leipzig mit der bescheidenen Forderung des allgemeinen, gleichen Wahlrechts begann und am 26. Mai 1875 zu Gotha mit der Proclamirung des blanken und baaren Communismus theoretisch ihren vorläufigen Abschluß gefunden hat. Das Ziel dieser Arbeit ist somit sehr bescheiden, aber es lohnt sich doch vielleicht, ihm nachzutrachten in Tagen, in welchen die Socialdemokratie das dritte Schlagwort der öffentlichen Debatte ist, ohne daß kaum einer von je tausend Leuten, die es gebrauchen, genauer das Wesen kennt, welches der Name deckt.

Wie sehr dies zu beklagen sein mag, so ist es doch nur zu begreiflich für Den, der sich längere Zeit mit diesen Dingen beschäftigt hat. Auch der Politiker von Fach vermag nur mit Mühe einen halbwegs klaren Ueberblick über die Entwicklung der socialistischen Arbeiterpartei zu gewinnen. Literarisch ist auf diesem Gebiete noch wenig geleistet und das Wenige, wie beispielsweise die einschlägigen Capitel in Dühring's bekanntem Werke und des ultramontanen Dr. Jäger's „Der moderne Socialismus", ist nicht grade mustergültig. Viel höhere Ansprüche kann Rudolf Meyers „Emancipationskampf des vierten Standes" erheben, eine Arbeit, die, wie immer

1

man über die christlich=conservativ=socialen Anschauungen des Ver=
fassers denken mag, aufrichtigen Respect verdient wegen des erstaun=
lichen Fleißes, mit welchem sie ein ungeheures Material sammelt.
Leider beschränkt sich hierauf das unbestreitbare Verdienst des Herrn
Meyer; die Klärung und Sichtung der mühsam aufgespeicherten
Massen ist ihm nur unvollkommen gelungen. Namentlich wer sich
über die Geschichte der deutschen Socialdemokratie aus seinem Werke
unterrichten wollte, würde eine vollkommen falsche Vorstellung ge=
winnen. Herrn Meyer fehlt die intimere Kenntniß der Dinge; er
zeichnet ein Bild von nur sehr rohen Umrissen und er vermeidet
selbst nicht grobe Irrthümer. Indessen die Fehlgriffe und Unvoll=
ständigkeiten im Einzelnen mögen verzeihlich oder unvermeidlich sein
bei der Natur des Stoffs; was aber den Werth des dickleibigen
Sammelwerks auf die Bedeutung einer bloßen Tendenzschrift herab=
drückt, sind die grotesk=riesigen Dimensionen, zu denen Herr Meyer
die socialistische Bewegung in Deutschland aufbauschen möchte. Wer
ein wenig mit Personen und Verhältnissen vertraut ist, weiß oft
nicht, ob er sich ärgern oder lachen soll, wenn Herr Meyer in jedem
obscuren Agitator den providentiellen Mann des Jahrhunderts erblickt,
der durch das läuternde Feuer seines Zornes die sündige Welt be=
kehren und bessern wird. Zu den beliebtesten und kühnsten Hyperbeln
der socialistischen Presse gehörte ehedem der geschmacklose Vergleich
zwischen Jesus und Lassalle, aber wie zaghaft erscheint diese historische
Parallele, wenn Herr Meyer durch die nüchterne Thatsache, daß die
Herren Grottkau, Kapell, Zielowsky und wie sie sonst heißen mögen,
heute mit Kelle und Pfriem arbeiten und morgen für zwei Thaler
täglicher Diäten auf Agitation gehen, zu dem dithyrambischen Aus=
rufe begeistert wird: „Grade wie die Apostel! Ja, man lese nur die
Apostelgeschichte, das giebt Gelegenheit zu interessanten Vergleichen.“
Neuerdings wird das Werk durch die ultramontane Presse eifrigst
empfohlen, und zwar ihrerseits mit vollem Recht, denn Herr Meyer
erklärt den katholischen Socialismus für eine Erscheinung von großer
Zukunft, und er hält sogar den Bischof von Mainz für einen ernst=
haften Nationalökonomen. Auch nach dieser Richtung hin dürfte es
zeitgemäß sein, einige einfache und nüchterne Glossen zur Geschichte
der deutschen Socialdemokratie zu geben.

Unter den eben entwickelten Umständen bleibt die Hauptquelle
für einen derartigen Zweck immer noch die Broschüren= und Zeitungs=

Literatur der letzten zwölf Jahre. Aber während hier einerseits die Ueberfülle des Stoffes einen fatalen embarras de richesse verursacht, ist anderseits wieder in dem unendlichen Material kaum eine Zeile, die nicht von der Parteien Gunst oder Haß gefärbt und dadurch in ihrer thatsächlichen Richtigkeit mehr oder minder beeinträchtigt wäre. Bei der socialistischen Tendenzliteratur selbst, der ausgedehntesten und, wenn mit kritischem Blicke gelesen, auch ergiebigsten Fundgrube, macht sich noch ein dritter Uebelstand geltend, der völlige Mangel nämlich an historischem Sinn, der im Großen und Kleinen ein so charakteristisches Kennzeichen der Partei bildet. Eher noch kann man hoffen, in einem Frauenbriefe ein Datum zu treffen, als in einer socialdemokratischen Broschüre. Die Agitationsschriften Lassalles, die glänzendsten und schärfsten Waffen der Partei, zum Theil wahre Damascenerklingen, sind in einem Zustande der Verwahrlosung, welcher jeder Beschreibung spottet; selbst die Wohlthat einer rein orthographischen Correctur scheint ihnen bei den immer wiederholten Abdrücken nur in höchst oberflächlicher Weise zu Theil zu werden. An Berichten über die officiellen Parteicongresse sind im Ganzen drei oder vier vorhanden, aber dieselben geben nur vage, verschwimmende Bilder von den Beschlüssen und Reden. Einige sichere Ausbeute gewähren die stenographischen Protokolle des Reichstags. Das Meiste und Werthvollste an actenmäßigem Material zur Geschichte der Partei, leider aber auch durchweg in lückenhafter, wirr durcheinander gehäufter Form, enthalten Bernhard Becker's Veröffentlichungen über die Agitation Lassalle's und sein Lebensende, so wie die von den Angeklagten herausgegebenen Berichte über den braunschweiger und leipziger Proceß. Alles in Allem bleibt der einzige Führer, welcher sicher durch dies Chaos von verstreuten Trümmern führt, die Erinnerung des Selbsterlebten.

Die deutsche Socialdemokratie unterscheidet sich neben anderen Dingen auch darin von ihren Schwesterparteien in den europäischen Culturstaaten, daß sie nicht durch generatio aequivoca als Tochter einer allgemeinen Zeitströmung entstand, sondern durch den energischen Willen eines autokratischen Mannes aus einem noch sehr sterilen Boden emporgestampft wurde. Was an socialistischen Gedanken und Theorien vor den sechsziger Jahren in Deutschland sich regte, war zu lose flatterndes Gespinnst, als daß es zu dem festen Gewebe eines Parteiprogramms sich hätte verdichten können; das communistische

1*

Manifest, welches Marx und Engels am Vorabend der Februar=
revolution von London aus erließen, blieb der Heerbefehl eines General=
stabes, der kaum über ein dürftiges Fähnlein internationaler Lands=
knechte gebot. Im großen Strom der Bewegung von 1848 schwammen
die politischen und socialen Elemente noch unterschiedslos durcheinander;
zu den Wenigen, die schon in jener Zeit der Sphinx der europäischen
Zukunft mit klarem Bewußtsein ins Auge zu blicken wagten, gehörte
der damals dreiundzwanzigjährige Lassalle. Als er, angeklagt, in
der Novemberkrise von 1848 die Bürgerwehr zum Widerstande gegen
die Regierungsgewalt aufgefordert zu haben, am 3. Mai 1849 vor
den düsseldorfer Geschworenen stand, leitete er seine großartige Ver=
theidigungsrede mit den Worten ein: „Ich werde Ihnen stets mit
Freuden bekennen, daß ich meiner inneren Ueberzeugung nach ein
entschiedener Anhänger der socialdemokratischen Republik bin.“

Der Lebenslauf Lassalles ist bekannt. Dagegen schwankt über
seinen Charakter und sein Wesen das öffentliche Urtheil noch immer
von Extrem zu Extrem. Nur sind die Rollen zum Theil vertauscht;
die Gegner seiner politisch=socialen Anschauungen spenden ihm oft
eine glühende Bewunderung, während in seiner eigenen Partei das
Scherbengericht in vollem Gange ist, das noch persönlich zu erdulden
ihm nur sein frühzeitiger Tod erspart hat. So häuft beispielsweise
sein Nachfolger im Präsidium des allgemeinen deutschen Arbeiter=
vereins, Bernhard Becker, schon seit Jahren Pamphlet auf Pamphlet,
um nachzuweisen, daß Lassalle in den letzten Monaten seines Lebens
den Uebergang ins Lager der Reaction geplant habe, während ihn ander=
seits der bekannte dänische Literarhistoriker Brandes zum Gegenstande
eines Heroencultus macht, der weit über das gerechte Maß hinaus=
greift. Ein völlig unbefangenes Urtheil über Lassalle gebührt einer
späteren Zeit; heute wird man ihm vielleicht am gerechtesten, wenn
man ihn einen im eminentesten Sinne modernen Menschen nennt,
in dessen geistiger Complexion sich, getreu dem Charakter der Zeit,
sehr glänzende Vorzüge mit sehr thörichten Schwächen paarten und
zwar so unlöslich paarten, daß in all seinem Handeln gemischte
Beweggründe wirkten. Von seinem ersten Auftreten als Champion
der Gräfin Hatzfeldt bis zu seiner letzten Rolle als Arbeiteragitator
handelte er gewiß nie aus rein persönlichen, aber auch eben so ge=
wiß nie aus rein idealen Motiven. Dies macht ein gerechtes Urtheil
über ihn so schwer. Sein profundes Wissen entwürdigte er nur zu

oft zur Folie eines eleganten Komödiantenthums; die stählerne
Energie seines Willens verrannte sich nicht minder häufig in einen
kindischen Eigensinn. Wie alle genialen Naturen hatte er ein Stück
vom Faust und ein Stück vom Don Juan; darüber hinaus aber
umwitterte sein Wesen ein Hauch historischer Luft; er war — mit
Wallenstein zu sprechen — ein „Herrschtalent", das sich in elementarem
Drang einen „Herrschplatz" zu erobern suchte; fieberhaft dürstete
seine Seele nach Macht im großen Sinne des Wortes. Dieser Ehrgeiz, an sich nicht gemeiner Natur, wie oft er auch aus einzelnen
Anlässen in weibische Eitelkeit entartete, verband sich mit einer
nationalen Leidenschaft, die Lassalle in schöner Weise vor allen
anderen Socialisten auszeichnet; es war zu viel Farbe und Gestalt
in seinem Charakter, als daß er je in der marklosen Verschwommen-
heit der internationalen Phrase hätte untergehen können; all sein
politisches Denken und Thun war vom ersten bis zum letzten Momente
auf den preußischen Staat bezogen. Aus beiden Gesichtspunkten erklären
sich die mannichfachen Schwankungen und Wandlungen seiner
öffentlichen Laufbahn. Zu den steinernen Götzen der Demokratie, die
nicht Hand noch Fuß regen und nur in feierlichen Fristen von den
geweihten Lippen ein tönend Orakelwort fallen lassen, das bei Strafe
der Acht und Aberacht für jeden Jünger ein unfehlbares Dogma
sein muß, hat er nie gehört, wie denn die Gläubigen der stricten
Observanz an ihm zu allen Zeiten einen bedenklichen Mangel an
Rechtgläubigkeit herausgeschnüffelt haben.

Das erste urkundliche Urtheil über den erst zwanzigjährigen
Lassalle hat kein Geringerer gefällt als Heinrich Heine. Der kranke
Dichter schreibt 1846 an seinen jungen Freund, den er seinen
„theuersten Waffenbruder" zu nennen pflegte: „In Vergleichung mit
Ihnen bin ich doch nur eine bescheidene Fliege", und an Varnhagen:
„Herr Lassalle ist ein junger Mann von den ausgezeichnetsten Geistes-
gaben; mit der größten Gelehrsamkeit, mit dem weitesten Wissen, mit
dem größten Scharfsinn, mit der reichsten Begabniß der Darstellung
verbindet er eine Energie des Willens und eine Habilité im Handeln,
die mich in Erstaunen setzen ... Jedenfalls war diese Vereinigung
von Wissen und Können, von Talent und Charakter für mich eine
freudige Erscheinung." Lassalle arbeitete damals in den Pariser
Bibliotheken für sein großes Werk über die Philosophie Heraklits;
als es der Vollendung nahe war, lernte er die Gräfin Hatzfeldt in

Berlin kennen und warf sich mit vollem Ungestüm in den zwischen ihr und ihrem Gemahl schwebenden Ehescheidungsproceß. Er begleitete die Dame nach Düsseldorf und führte von dort aus nahezu zehn Jahre lang vor sechsunddreißig Gerichten ihre Sache mit Anspannung seiner ganzen Kraft. Noch vor der endgültigen gerichtlichen Entscheidung kam es zu einem Vergleich, welcher der Gräfin ein fürstliches Vermögen und Lassalle, der ohnehin wohlhabend war, ein völlig unabhängiges Leben sicherte. Er bezog von da ab ein Jahreseinkommen von fünftausend Thalern. Mit der Gräfin Hatzfeldt hat er bekanntlich bis zu seinem Tode in engsten Beziehungen gestanden. Welcher Art immer diese Beziehungen sein mochten, auf sein Leben sind sie von verhängnißvollem Einfluß gewesen. Sein Name war der Oeffentlichkeit zuerst durch einen großartigen Skandal bekannt geworden; das heftete sich wie ein untilgbarer Fluch an seine Fersen und war nicht die letzte Ursache des Conflicts, in welchem er unterging. Zudem lieferte der fortwährende intime Verkehr mit der um ein Vierteljahrhundert älteren Dame, der einige male sogar zu skandalösen Auftritten an öffentlichen Orten führte, den bösen Mäulern immer neuen Stoff. Lassalle zwar ist auch in dieser Beziehung der Thäter seiner Thaten gewesen. Wie er vor den kölner Geschworenen, angeklagt der moralischen Mitschuld an dem bekannten Cassettendiebstahl, das Eheunglück der Gräfin „ein individuelles Loos und Leiden" nannte, „das gleich einem Mikrokosmos das allgemeine Leiden, die zu Grabe keuchende Misère und Unterdrückung in sich abspiegele", so verglich er noch kurz vor seinem Tode in einem Briefe an Huber sein Eingreifen in jenen Ehescheidungsproceß mit einem Mikrokosmos seines ganzen Lebens, mit dessen moralischer Berechtigung er stehe und falle. Gleichviel, ob er so sprach aus Eigensinn oder Ueberzeugung, competente und wohlwollende Urtheiler dachten anders, mindestens über die späteren Phasen des Verhältnisses, und jedenfalls hat es die Laufbahn Lassalles in eine falsche und unheilvolle Richtung gebracht. Am wenigsten sind die in die Oeffentlichkeit gekommenen Bruchstücke seines Briefwechsels mit der Gräfin geeignet, diese Ansicht umzustoßen; der quälende und widerwärtige Eindruck, den sie auf jedes gesunde Gefühl machen müssen, obgleich oder vielleicht auch grade weil sie die Formen eines rein freundschaftlichen Verkehrs innehalten, hat in unserer gesammten Literatur etwa nur in Pücklers Briefwechsel mit seiner Frau seines Gleichen.

Es war noch unter dem Ministerium Manteuffel, als Laffalle nach Beendigung des Haßfeldtschen Proceffes von Düffeldorf nach Berlin übersiedelte, um sich fortan gänzlich dem öffentlichen Leben in Literatur und Politik zu widmen. Von 1848 her politisch anrüchig, schlich er sich, als Fuhrmann verkleidet, in die preußische Hauptstadt; schließlich konnte ihm nur die Verwendung Humboldts, der ihn aufs Wärmste protegirte und „das Wunderkind" zu nennen pflegte, den Aufenthalt sichern. Unter solchen Umständen durfte von Betheiligung am politischen Leben noch nicht die Rede sein. So gab denn Laffalle zunächst (1857, Besserische Verlagsbuchhandlung) sein großes Werk über Heraklit heraus, das ihn mit einem Schlage unter die ersten Gelehrten Deutschlands stellte. Aber der laute Beifall in den engen Kreisen der wiffenschaftlichen Welt war für seinen bürstenden Thatendrang, was ein Tropfen Waffers auf einen heißen Stein ist. War ihm der Schauplatz des wirklichen Lebens verschloffen, so wollte er wenigstens in der Schattenwelt der Bühne herrschen; er reichte ein historisches Drama, „Franz von Sickingen", unter fremdem Namen bei der Intendanz der königlichen Schauspiele ein. Selten hat ein hochbegabter Schriftsteller einen gröberen, aber auch charakteristischeren Mißgriff gethan. Schon in Düffeldorf hatte Laffalle umfaffende Vorstudien für ein wiffenschaftliches Werk über die Reformationszeit gemacht; einzig und allein sein unbezwinglicher Ehrgeiz bewog ihn, die reichen Früchte mühseliger Arbeiten in eine Form zu gießen, die seinen Namen am schnellsten und weitesten durch Deutschland zu tragen versprach. Denn Alles, was den Dichter und nun gar den dramatischen Dichter im engeren Sinne macht, fehlte Laffalle in erschreckendem Maße; er wußte nichts von den Lebensbedingungen der Bühne und seine Metrik ist von einer unerträglichen Geschmacklosigkeit und Holprigkeit. Dabei aber ist der „Sickingen" von einer hinreißenden, nationalen Leidenschaft getragen und reich an fruchtbaren, tiefen Gedanken, von denen es immer zu bedauern bleibt, daß sie unter einer so stachligen Form begraben sind. Die Intendanz lehnte die Aufführung ab; der Vorwurf persönlicher und politischer Rancune ist ihr deshalb nicht erspart geblieben; die neuerdings auf einer Berliner und Hamburger Bühne erfolgte Aufführung des Stückes hat schlagend bewiesen, daß ihr damit Unrecht geschah.

Im Herbste 1858 fiel das Ministerium Manteuffel; der Frühling 1859 brachte den italienischen Krieg. Neues Leben erwachte auch auf politischem Gebiete und Lassalle warf seine Schrift: „Der italienische Krieg und die Aufgabe Preußens. Eine Stimme aus der Demokratie" in die Bewegung der Geister. Hier tritt der Parteimann völlig zurück hinter den Patrioten; Lassalle fordert, daß Preußen die damalige Krise zu einer auswärtigen Politik in energischem und großem Stile benutzen und den Hebel zur Einigung Deutschlands in der Befreiung Schleswig-Holsteins vom dänischen Joche ansetzen solle. Einige der besten Gedanken jener Politik, welche ein halbes Jahrzehnt später Herr v. Bismarck inaugurirte, sind in der kleinen Broschüre entwickelt; man liest sie heute mit gar seltsamen Gedanken. So schreibt Lassalle: „Jetzt wäre der Moment, während die Demolirung Oesterreichs sich schon von selbst vollzieht, für die Erhöhung Preußens in der deutschen Achtung zu sorgen. Jetzt wäre der Augenblick da, diese schwer blutenden Wunden zu heilen. Möge die preußische Regierung sich davon durchdringen: die Sterne winken günstig! ... Die Sympathie für Schleswig-Holstein, der Drang nach einer nationalen Stellung in der jetzigen Krise, der Durst nach nationaler Größe überhaupt, der Haß gegen Napoleon, die heiße, fiebernde Sehnsucht nach nationaler Einheit, alle diese Flammen würden zu einem Feuer zusammenschlagen, welches, sein Hinderniß selbst in seine Nahrung verwandelnd, mit jedem Widerstande nur wüchse, den man ihm entgegenstellte. ... Und möge die preußische Regierung dessen gewiß sein: in diesem Kriege, der ebensowohl ein Lebensinteresse des deutschen Volkes als Preußens ist, würde die deutsche Demokratie selbst Preußens Banner tragen und alle Hindernisse vor ihm zu Boden werfen mit einer Expansivkraft, wie ihrer nur der berauschende Ausbruch einer nationalen Leidenschaft fähig ist, welche seit funfzig Jahren comprimirt in dem Herzen eines großen Volkes zuckt und zittert." Solche Worte tragen den Accent einer ächten Ueberzeugung; dem heutigen Communismus müssen sie freilich wie unverfälschtes Sanskrit klingen.

Die Hoffnungen, welche Lassalle auf den italienischen Krieg setzte, erfüllten sich bekanntlich nicht. Er zog sich wieder in die Stille seines Studirzimmers zurück und arbeitete während der Herrschaft der neuen Aera an seinem bedeutendsten Werke, dem „System der erworbenen Rechte", das 1861 bei Brockhaus in Leipzig erschien. Inzwischen hatte sich der Streit um die Armeereorganisation zum Verfassungsconflict zugespitzt; die altliberale Partei trat den Vordergrund der parlamentarischen Bühne an die neugeschaffene Fortschrittspartei ab. Lassalle winkten neue Sterne. Im Winter 1861—62 gab er in Gemeinschaft mit Lothar Bucher das bekannte Pamphlet gegen Julian Schmidt heraus, das den Literarhistoriker bekämpfte, aber in Wahrheit den Chefredacteur der „Berliner Allgemeinen Zeitung", den hervorragendsten Vertreter der altliberalen Publicistik, treffen sollte. Mit den namhaften Führern der Fortschrittspartei, mit Duncker, Ziegler und Anderen, stand Lassalle in nahem Verkehr; auch mit den Leitern des Nationalvereins hatte er Fühlung. Dennoch wollten sich seine ehrgeizigen Träume nicht verwirklichen; er fand nicht die Berücksichtigung, welche er erwartete und bei der Unzahl von Mittelmäßigkeiten, die in der damaligen Fortschrittspartei das große Wort führten, auch wohl beanspruchen durfte. War's, weil man seinen ungestümen Ehrgeiz fürchtete, war's, weil man an seinem Verhältnisse zur Gräfin Hatzfeldt Anstoß nahm, man wählte ihn in kein Comité, man gab ihm kein Mandat für die Kammer. Das waren tödtliche Kränkungen für eine Natur, wie Lassalle war. Dazu kam eine weitgehende Meinungsdifferenz zwischen ihm und der Fortschrittspartei über die siegreiche Austragung des Verfassungsconflictes. So bestimmten auch hier persönliche und principielle Motive seine Geschicke. Was er nicht durch die Fortschrittspartei erreichen konnte, wollte er gegen sie erkämpfen. Er resolvirte sich kurz und trug den Krieg, ein einzelner Mann gegen die mächtigste Partei des Landes, Frühjahr 1862 in die Berliner Bezirksvereine.

Die Taktik war richtig, aber Lassalle war nicht der richtige Mann, sie durchzuführen. Der Berliner Fortschrittsphilister ist ein gar eigengeartetes ζῶον πολιτικόν; beschränkt und eingebildet, anspruchsvoll und unwissend, hat er eine unverwüstliche Vorliebe für die öbeste Mittelmäßigkeit, und ein Feuergeist, wie Lassalle, blieb ihm ein Buch mit sieben Siegeln. Der erste Vortrag, den Lassalle „über Verfassungswesen" in einer Reihe von Bezirksvereinen hielt, hielt sich noch ganz in den Grenzen philosophischer Theorie. Verfassungsfragen sind Machtfragen; nicht nach dem geschriebenen Rechte eines Blattes Papier, sondern durch die thatsächliche Wucht der gegenseitigen Machtverhältnisse werden innere Conflicte entschieden. Die Redner des Herrenhauses jubelten über den unerwarteten Bundesgenossen; die „Kreuzzeitung" schrieb schmunzelnd von einem „seiner

Zeit vielgenannten, revolutionären Juden, der den Nagel auf den Kopf getroffen und noch lange nicht alles gesagt habe, was er wisse und denke"; die fortschrittliche Presse erhob sich einmüthig gegen den neuen Gegner. Der Streit verschärfte sich, und in einem neuen Vortrage: „Was nun?" zog Lassalle die praktische Nutzanwendung aus seiner Verfassungstheorie. Er entwickelte, daß alle organisirte Macht des Staates, das Heer, das Beamtenthum 2c. in den Händen der Regierung sei; die Volksvertretung habe nur ein Mittel, ihr Recht durchzusetzen, aber dies Mittel sei auf die Dauer unwiderstehlich. Sie solle aussprechen das, was sei, d. h. durch einmüthigen Austritt aus der Kammer unter der feierlichen Erklärung, nicht eher wieder zusammenzutreten, ehe die Regierung den Nachweis geliefert habe, daß die nicht bewilligten Ausgaben für das Heer eingestellt seien, die Arbeiten der Volksvertretung suspendiren und so den Scheinconstitutionalismus zerstören, welcher für die Regierung eben so nützlich, als für das Volk schädlich sei. Bei etwaigen Neuwahlen solle die neugewählte Kammer sofort denselben Weg einschlagen; so werde auf die Regierung das Odium eines absoluten Regiments gewälzt, unter welchem sie auf die Dauer zusammen brechen müsse, sowohl in Rücksicht auf die politischen Constellationen der europäischen Lage, als auch auf die Anschauungen und Stimmungen des eigenen Volkes. Die Fortschrittspartei behielt auch jetzt taube Ohren; ein einziges Mitglied, Martiny aus Kankehmen, stellte in der Fraction einen Antrag im Sinne Lassalles; er blieb völlig isolirt und schied mit einer motivirten Erklärung aus dem Landtage aus. Um so heftiger ging die fortschrittliche Presse gegen Lassalle vor. Sie nannte ihn einen Anhänger der Bismarck'schen Theorie von der Macht, die dem Rechte vorgehe, und als er eine berichtigende Erklärung an die „Reform" und „Vossische Zeitung" einsandte, verweigerten beide Blätter die Aufnahme. Er gab nunmehr die Berichtigung als selbstständiges Schriftchen „Macht und Recht" heraus; er brach damit definitiv mit der Fortschrittspartei und bekannte sich in vorläufig noch sehr unbestimmten Ausdrücken als Anhänger der „alten, wahren Demokratie."

Diese Kämpfe zogen sich hin vom Frühjahr 1862 bis Frühjahr 1863. Je mehr Lassalle die Hoffnung entschwand, die Fortschrittspartei zu seinen Ideen zu bekehren, je stärker tauchten die alten Erinnerungen von 48 auf, je vertrauter wurde ihm der Gedanke, den Arbeiterstand als organisirte Partei in die Verfassungskämpfe einzuführen. Schon sehr bald nach seinem ersten Vortrag über Verfassungswesen hatte er im Handwerkerverein der Oranienburger Vorstadt einen weiteren Vortrag „über den besondern Zusammenhang der gegenwärtigen Geschichtsperiode mit der Idee des Arbeiterstandes" gehalten, in welchem er an der Hand historisch-philosophischer Entwicklung darzulegen versuchte, daß wie die Revolution von 1789 den dritten, so die Revolution von 1848 den vierten Stand zur herrschenden Rolle im Staatenleben berufen habe. Obgleich sich auch dieser Vortrag noch in den Schranken reiner Theorie hielt, wurde er doch sofort nach der Drucklegung polizeilich confiscirt und der Staatsanwalt am Berliner Stadtgericht machte dem Verfasser auf Grund der bekannten Haß- und Verachtungsparagraphen des preußischen Strafgesetzbuches den Proceß. Am 16. Januar 1863 wurde Lassalle in der That zu vier Monaten Gefängniß verurtheilt, aber er bewies in der überaus stürmisch verlaufenden Sitzung, daß er, wenn er auch kein dramatischer Dichter war, so doch glänzende Heldenrollen spielen könne. Selten mag sich vor preußischen Gerichtshöfen eine gleich dramatisch bewegte Verhandlung abgerollt haben. In seiner Vertheidigungsrede — später gedruckt unter dem Titel „Die Wissenschaft und die Arbeiter" — entwickelte Lassalle den Gedanken, daß aus dem Bündnisse zwischen der höchsten geistigen Elite der Wissenschaft und dem gesunden, tiefen, noch durch keine falsche und halbe Bildung angekränkelten Verstande der großen Arbeitermasse der Nation eine neue Blüthe des Volkslebens emporwachsen müsse und werde. Noch aber erklärte er, daß er gegenüber der Reaction Schulter an Schulter mit der Fortschrittspartei stehe.

Einen Monat später, Mitte Februar, veröffentlichte er das oben erwähnte Schriftchen „Macht und Recht", und noch war kaum die Druckerschwärze trocken, als ein Schreiben aus Leipzig an ihn einlief, das ihn Hals über Kopf in die Arbeiteragitation warf.

II.

Die Tage des Conflicts waren die Blüthezeit des Vereinslebens. Kein Beruf, kein Stand, der sich nicht in Vereinen organisirte, die ihrerseits sich wieder zu „Congressen", zu „Tagen" zusammenschlossen. Namentlich die deutschen Industriebezirke umspannte ein dichtes Netz von Arbeitervereinen, die wohl durchweg unter dem geistigen Einflusse der Fortschrittspartei standen. Unter ihnen pflegte der leipziger Verein mit besonderer Vorliebe die Idee eines allgemeinen Arbeitercongresses, welcher über die Lage des Arbeiterstandes im Allgemeinen, so wie über Freizügigkeit, Gewerbefreiheit, Consum-, Spar- und Rohstoffvereine 2c. im Einzelnen berathen sollte. Es wurde zu diesem Behufe ein Centralcomité niedergesetzt, in welchem ein Schriftsteller Dammer und der Schuhmacher Vahlteich die ersten Rollen spielten. Seit dem Herbste von 1862 agitirte, deliberirte, correspondirte man, indessen das Ding wollte nicht recht vom Flecke, und das war nicht eben zum Verwundern. Denn außer dem allgemeinen Entschluß, die sociale Frage zu lösen, wußte weder Dammer noch Vahlteich, noch sonst wer im Centralcomité, was er eigentlich wollte; eine dumpfe Mißstimmung gegen Schulze-Delitzsch lag wohl dem Treiben zu Grunde, aber Niemand hatte einen positiven Gegenvorschlag zu machen. Da, im letzten Momente, als es schon in halber Auflösung begriffen war, wandte sich das Centralcomité Mitte Februar 1863 noch um Rath und Hülfe an Lothar Bucher, Robbertus und Lassalle, auf den es durch seinen Arbeitervortrag aufmerksam geworden war.

Lassalle antwortete zuerst; schon am 1. März veröffentlichte er sein „Offenes Antwortschreiben", in welchem er das politisch-sociale Programm seiner Arbeiteragitation darlegte. Er entwickelte das sogenannte eherne Lohngesetz, nach welchem unter der Herrschaft von Angebot und Nachfrage nach Arbeit der durchschnittliche Arbeitslohn immer auf den Lebensunterhalt reducirt bleibt, der in einem Volke gewohnheitsmäßig zur Fristung der Existenz und zur Fortpflanzung erforderlich ist, und er suchte ferner statistisch nachzuweisen, daß 89 bis 96 Procent der Gesammtbevölkerung des preußischen Staates mehr oder minder unter dem Drucke jenes Gesetzes lebten. Hierauf gestützt, erklärte er die individuelle Selbsthülfe, die Spartheorie für völlig unzureichend und verlangte Staatscredit für Productivassociationen, welche nach und nach die gesammte Arbeiterwelt umfassen sollten. Nur so sei an eine wirkliche Hebung des vierten Standes in intellectueller, materieller und moralischer Beziehung zu denken, und als einziges, aber unfehlbares Mittel, auf friedlichem und gesetzlichem Wege dies Ziel zu erreichen, bezeichnete er das allgemeine gleiche Wahlrecht. „Dies ist das Zeichen," so schloß er, „das Sie aufpflanzen müssen. Dies ist das Zeichen, in dem Sie siegen werden. Es giebt kein anderes für Sie!"

Damit hatte Lassalle den Rubicon überschritten. Zwar gab er sich den Anschein, als wolle er auch jetzt noch nicht sich persönlich an der Agitation betheiligen, und er lehnte es anfangs ab, vor den leipziger Arbeitern zu sprechen, aber er konnte damit weder sich noch Andere täuschen. Seine politische Stellung in Berlin war völlig unhaltbar, und er am wenigsten war der Mann, einen so schrillen Kampfschrei auszustoßen, ohne zu wissen, was er that. Auch fehlte es ihm nicht an Warnungen; er selbst erzählt in einer späteren Rede, seine besten Freunde seien ihm erschrocken in den Arm gefallen, als er das „Antwortschreiben" habe veröffentlichen wollen; in engeren Kreisen will man wissen, daß die Briefe von Bucher und Ziegler noch existiren, in welchen ihm Beide mit prophetischer Schärfe sein Schicksal vorhersagen. Mit Ziegler berieth er über den Plan einer großen Arbeiterversicherungsgesellschaft; Ersterer arbeitete die Statuten aus und schrieb darüber am 22. Februar an Lassalle: „Sie sind nur ein Entwurf, aber ich warne doch, wesentlich mehr zu präcisiren. Bei allen Organisationen, die ich ins Leben gerufen habe, wenn ich mich auf einem noch nicht angebauten Felde bewegte, war das Leben immer reicher, als meine Voraussicht zu ergründen vermochte . . . Man muß die Entwicklung nicht beschränken, sondern derselben Thür und Thor öffnen. Ich habe z. B. nur 2 Pfennige Prämienbeitrag vom Verdienstthaler per Woche angesetzt, das ist bei 6 Thaler Wochen= verdienst 1 Sgr. = $\frac{1}{180}$ des Verdienstes = circa 2 Arbeitstage per Jahr. Nehme ich an, daß in ganz Deutschland nur 200,000 Arbeiter zusammentreten, daß sie nur 15 Sgr. täglich, also 3 Thlr. die Woche verdienen, so würde die Einnahme von 2 Arbeitstagen jährlich 100,000 Thlr. betragen, womit sich schon etwas anfangen läßt. Wenn der französische Finanzminister auf die Steuer nur einige Zusatz= Centimes ausschreibt, so läuft das gleich in die Millionen. Ein einziger Arbeitstag, als Zusatzpfennig ausgeschrieben, deckt gleich 100,000 Thlr. bei 200,000 Arbeitern. Wüchse die Zahl der ver= sicherten Arbeiter auf eine Million, was, wenn erst das Landvolk die Sache capirt, wohl möglich ist, so ist das Institut so gesichert, wie keine andere Gesellschaft der Welt. Denn es giebt kein Capital so sicher, so groß und gewaltig, als das, welches in den zehn Fingern der Arbeiter steckt." Der Plan zerschlug sich, aber diese Zahlen klangen in den Ohren Lassalles wie berauschende Musik, sie hallen in seinem Antwortschreiben wieder da, wo er zur Gründung eines

Agitationsvereins auffordert, und als dieser Verein ins Leben trat, blieben die Zieglerschen Statuten im Wesentlichen für ihn maßgebend.

Kein Zweifel: wie spröde sich Lassalle noch nach außen geben mochte, in seiner Brust war sein Entschluß gefaßt. Um sich aus einer unerträglichen Situation zu retten, griff er mit vollem Bewußtsein nach der Hand, die sich ihm aus Leipzig entgegenstreckte. Dazu kam der Einfluß der Gräfin Hatzfeldt, die er noch kurz vor seinem Tode anklagte, ihn mit aller Gewalt in die Bewegung getrieben zu haben; auch mochte er sich schlimmen Illusionen hingeben über den Einfluß des leipziger Centralcomités. Einen klaren Einblick in sein Inneres gewährt ein Brief, den er am 9. März an seinen Freund Lewy in Düsseldorf richtete. Es heißt darin über das „Antwortschreiben": „Das Ganze liest sich mit solcher Leichtigkeit, daß es dem Arbeiter sofort sein muß, als wüßte er das Jahre lang, und daß Niemand es ihm mehr rauben oder mit Trugschlüssen oder Sophismen beseitigen kann. Da die Schrift ohnehin in eine bereits bestehende praktische Bewegung fällt, so müßte sie wirken ungefähr wie die theses 1517 an der Wittenberger Schloßkirche." Dann kommt ein Moment der Sorge. „Der Arbeiterstand im Allgemeinen ist aber vielleicht noch nicht reif zur Klarheit, und ist dies der Fall, so bin ich allerdings ein todter Mann." Aber dieser Gedanke huscht nur wie eine flüchtige Wolke über den leuchtenden Himmel seiner Hoffnungen. Er fährt fort: „Mit dem Erfolg der Schrift steht und fällt nun auch die Frage nach dem Arbeiterverein, dessen Plan ich in der Schrift entrollt habe. Das Manifest soll ihn zu Stande bringen! Ein solcher Verein, wie ich ihn daselbst geschildert: 100,000 Arbeiter in Deutschland umfassend, mit 150,000 Thalern jährlichen Agitationsmitteln und energisch geleitet — das wäre eine Macht!" So hoch flogen die ehrgeizigen Träume des Mannes, und wie herbe war die Enttäuschung!

Wohl erregte das „Antwortschreiben" ein mächtiges Aufsehen, aber die Phrase von der einmüthigen Empörung der öffentlichen Meinung wurde hier einmal eine bittere Wahrheit. Zwar das Centralcomité nahm den Bescheid Lassalles zustimmend an und gab die Idee des Congresses zu Gunsten des neu zu gründenden Vereins auf; in gleicher Weise entschied sich der leipziger Arbeiterverein und auch in Hamburg, Köln, Solingen, Düsseldorf wurden spärliche Stimmen für Lassalle laut. Aber das war auch Alles. Im Uebrigen erklärte sich durch ganz Deutschland Arbeiterverein für Arbeiterverein,

ein Dutzend immer um das andere, in feierlicher Resolution gegen ihn; in Berlin konnte er öffentlich nicht mehr sprechen, ohne tumultuarisch unterbrochen zu werden; aus der Presse scholl nichts, als der lauteste und schärffte Protest. Nur ein größeres Blatt, die „Deutsche Allgemeine Zeitung" in Leipzig, druckte anfangs Laffalles Einsendungen ab, nicht weil ihr seine Agitation minder antipathisch gewesen wäre, sondern weil Brockhaus, bei dem das „System der erworbenen Rechte" erschienen war, einige persönliche Rücksichten nahm. In den Spalten dieses Organs veröffentlichte Laffalle im April den instructiven Aufsatz „Die Französischen Nationalwerkstätten von 1848", um die Beschuldigung abzuwehren, als ob er jene verfehlten Experimente wieder aufwärmen wolle. Den Vorwurf, daß er ein bewußtes oder unbewußtes Werkzeug der Reaction sei, durfte er einfach mit verächtlichem Lächeln erwidern; schwerer traf ihn die dritte Hauptwaffe, welche seine Gegner führten, die harten Angriffe, welche sie gegen die Wahrheit des Lohngesetzes richteten. Er entschloß sich endlich, anderthalb Monate nach Veröffentlichung seines „Antwortschreibens" vor den leipziger Arbeitern zu sprechen und jenen Fundamentalsatz seiner Lehre zu vertheidigen. Seine Rede ist gedruckt unter dem Titel „Zur Arbeiterfrage"; sie besteht in der Hauptsache aus Citaten über die wirthschaftliche Regelung des Arbeitslohnes, die den Werken von Say, Ricardo, Smith, Stuart Mill, Roscher u. A. entnommen sind. Die Versammlung tagte unter dem Vorsitze von Vahlteich und zählte 1300 Köpfe; sie erklärte sich mit allen gegen sieben Stimmen für Laffalle; es war der erste nennenswerthe Erfolg seiner Agitation.

Viel war freilich damit noch nicht erreicht. Der jubelnde Zuruf einer Massenversammlung, welche unter der Herrschaft einer feurigen Beredsamkeit und eines mächtigen Willens steht, zerrinnt schneller als der flüchtige Schaum der Meereswelle. Laffalle vor Allen hat diese Erfahrung gemacht; sein glücklich-unglückliches Naturell wollte, daß er sich immer wieder mit gleicher Lust an diesem süßen Tranke berauschte. Ein kurzer Moment solchen Glücks, in welchem er sich als Herrscher fühlte über einige Tausend Menschenseelen, half ihm über Wochen voll bitterer Verstimmung. Die schmerzlichste Enttäuschung konnte ihm freilich auch diese trügerischen Sonnenblicke nicht weglächeln. Bei seiner ganzen Naturanlage mußte ihn nichts tiefer niederschlagen, als die niederschmetternde Erfahrung, daß er wohl die Apathie der Massen momentan aufrütteln, aber auch nicht ein leises Echo aus den Kreisen der gebildeten und gelehrten Welt hervorrufen könne. Keiner bekannte sich zu ihm, wenigstens Keiner, der ihm ein werthvoller Bundesgenosse hätte sein können. Rodbertus hatte zwar in seinem Antwortschreiben an das Centralcomité das eherne Lohngesetz als unanfechtbar anerkannt, aber er warnte vor einer Organisation der Arbeiter als politischer Partei. Oeffentlich trat er völlig aus der Bewegung zurück; in reger Correspondenz hat er auch nachher mit Lassalle gestanden und, wie Rudolf Meyer, behauptet, der Einsicht in ihren Briefwechsel gehabt hat, einen sehr großen Einfluß auf ihn geübt. Lothar Bucher antwortete sehr spät; erst nach der leipziger Rede Lassalles erklärte er sich bereit, im leipziger Arbeiterverein einen Vortrag zu halten über die Frage: „Wie sich die Manchesterpartei zu dem Wesen jedes Staats und zu den Aufgaben der gegenwärtigen Staaten verhält." Es ist nicht dazu gekommen. Augenscheinlich hatte ein so klarer, logischer, umsichtiger Kopf wie Lothar Bucher kein Vertrauen in den Erfolg Lassalles. Jener Brief scheint mehr von persönlicher Freundschaft und natürlicher Sympathie für einen allseitig bekämpften Mann dictirt zu sein; darauf deuten wenigstens die Schlußworte: „Die Vorgänge in der gestern hier abgehaltenen Arbeiterversammlung, wo man Diejenigen, die Lassalles Argumente entwickeln wollten, mit dem Geschrei: „Haut ihn!" nicht zu Worte kommen ließ, und die Art und Weise, wie die so zu Stande gebrachte Abstimmung von einem Theile der hiesigen Presse verwerthet wird, dieses von Berlin gegebene Beispiel, die Anwesenden zu terrorisiren und die Abwesenden zu täuschen, macht es doppelt geboten, Farbe zu zeigen. Ich verliere daher keine Zeit, meine Ueberzeugung auszusprechen, daß die Lehre der Manchesterschule: der Staat habe nur für die persönliche Sicherheit zu sorgen und alles Andere gehen zu lassen, vor der Wissenschaft, vor der Geschichte und vor der Praxis nicht besteht." Für die halbe und laue Unterstützung von Männern wie Rodbertus und Bucher konnte es Lassalle nichts weniger als ein Ersatz sein, daß sich anläßlich seiner leipziger Rede Professor Wuttke in nichtssagender und unklarer Weise für ihn erklärte und dann die Dinge gehen ließ, wie sie eben gehen mochten.

In Nachwirkung seines leipziger Erfolges war Lassalle der Gründung eines großen Agitationsvereins zur Erkämpfung des allgemeinen gleichen Wahlrechts einen Schritt näher getreten; er hatte die Statuten drucken lassen und nach allen Gegenden Deutschlands versandt.

Noch aber schwankte er; ununterbrochen, Schlag auf Schlag erklärten sich die Arbeitervereine gegen ihn. Da erhaschte er wieder einen halben Silberblick des Erfolges. Bernhard Becker, der zu seinen frühesten Anhängern zählte, hatte den Arbeiterbildungsverein zu Frankfurt a. M. fast ganz zu der neuen Lehre hinübergezogen; als im April 1863 der Verband der Arbeitervereine des Maingaues zu Röbelheim tagte und namentlich auf Anbringen von Leopold Sonnemann das übliche Vehmgericht über Lassalle abgehalten werden sollte, wurde diese Zumuthung abgelehnt, dagegen der Beschluß gefaßt, Lassalle und Schulze=Delitzsch zum 17. Mai auf den Arbeitertag zu Frankfurt a. M. zu laden. Dort sollten sie in öffentlicher Wechselrede um den Sieg kämpfen. Schulze lehnte wegen seiner parlamentarischen Geschäfte ab; Lassalle kam und hielt an zwei Abenden die große Rede, welche unter dem Titel „Arbeiterlesebuch" gedruckt ist. Dieselbe entwickelte neben einer heftigen Polemik gegen die Fortschrittspartei nochmals in breiteren und tieferen Zügen den Inhalt des „Antwortschreibens"; hier sprach Lassalle das vielberufene Wort von der Hundertmillionenanleihe, die vorläufig genügen werde, die organische Entwicklung des nationalen Systems der Productivassociationen zu sichern; in seinen Schlußworten deutete er verständlich an, daß er, wenn sich die Versammlung gegen ihn entscheide, verzweifelnd an der trägen Schwerfälligkeit der Massen und vor Wissenschaft und Nachwelt gedeckt durch seine Schriften, sich ins Privatleben zurückziehen werde. Diesmal blieb ihm der Erfolg treu. 40—60 Personen verließen unter Hochrufen auf Schulze den Saal; 400 Arbeiter erklärten sich für Lassalle, und einen gleichen Sieg feierte er den Tag darauf in Mainz. Wieder übte der laute Jubel der Menge den berückenden Zauber auf seine Seele aus; voll neuer Entwürfe und Hoffnungen eilte er nach Leipzig.

Dort wurde am 23. Mai der allgemeine deutsche Arbeiterverein in Gegenwart von etwa 600 Arbeitern*) gegründet. Vertreten waren elf Städte: Hamburg, Harburg, Köln, Düsseldorf, Mainz, Elberfeld, Barmen, Solingen, Leipzig, Dresden und Frankfurt a. M. Die Statuten bezeichnen als einzigen Zweck des Vereins das friedliche

---

*) Es sei gleich hier bemerkt, daß die statistischen Angaben in dieser Darstellung, so weit sie nicht Reichstagsacten rc. entnommen sind, selbstverständlich nur auch die relative Richtigkeit Anspruch erheben können, welche ihnen die socialistischen Quellen anweisen.

unb gesetzliche Wirken für Herstellung des allgemeinen, gleichen Wahlrechts. Sonst enthielten sie etwa Folgendes: Der Vorstand besteht
aus dem Präsidenten unb 24 über ganz Deutschland verstreuten Mitgliedern. Ihre Wahl erfolgt auf der Generalversammlung, die jährlich einmal stattfindet. Das Eintrittsgeld beträgt 2 Sgr., der wöchent-
liche Beitrag 6 Pf. Der Präsident wirb das erste Mal auf fünf
Jahre gewählt, später auf ein Jahr. Wenn er es für bringlich hält,
so kann er, vorbehaltlich der in drei Monaten einzuholenden Genehmigung des Vorstandes, alle Anordnungen treffen. Der Präsident
setzt Generalversammlungen unb Vorstandsberathungen, so wie den
Ort derselben an. Er ernennt in Behinderungsfällen einen Vice-
präsidenten. Der Kassirer hat auf jede Anweisung des Präsidenten
Zahlung zu leisten, während der letztere von jeder Controle über das
Rechnungswesen ausgeschlossen ist. Zweigvereine dürfen nicht gebildet werden; für alle Städte, in denen der Verein Mitglieder hat,
ernennt der Präsident Bevollmächtigte. Die Dauer des Vereins wird
auf dreißig Jahre festgesetzt. Dies die wesentlichen Bestimmungen.
Es ist klar, daß sie in die Hand des Präsidenten eine nahezu dictatorische Gewalt legen; ein brauchbareres unb schärferes Schwert
konnte sich Lassalle nicht schmieden. Es gab denn auch bei Berathung
der Statuten etwelche demokratische Bedenken, namentlich die erst-
malige Wahl des Präsidenten auf fünf Jahre wollte man mindestens
auf drei Jahre beschränken; schließlich fügte man sich aus Furcht,
Lassalle möchte sonst die Annahme des Präsidiums verweigern. Wie
Bernhard Becker erzählt, hörte er den Debatten über seine Wahl
finster schweigend, bedeckten Hauptes und mit verschränkten Armen
zu. Noch hatte er in zwölfter Stunde geschwankt und wieder nur
dem Drängen der Gräfin Hatzfeldt nachgegeben. Er mochte fühlen,
daß in dieser Stunde die Würfel über seine künftigen Geschicke unwiderruflich geworfen würden.

Was er plante, war nichts Kleines; er wollte die großen Zahlen, die ihm unablässig vor den Augen flirrten, im Sturme erobern;
als Vorbild schwebte ihm die Agitation Richard Cobdens gegen die
Kornzölle vor; gern citirte er in seinen Reden, namentlich
vor Gericht, diese Bewegung als das classische Ideal einer eben so
gewaltigen unb tiefen, wie friedlichen unb gesetzlichen Agitation. Er
rechnete für das erste Jahr auf den Beitritt von hunderttausend
Arbeitern. Mit Entzücken sprach er von einer nahen Zukunft, in

welcher er an der Spitze von 20 Arbeiterdeputirten im Abgeordneten=
hause die vorwärts treibende Opposition bilden würde. Er, der auf
dem Wege historisch=philosophischer Betrachtung den Gang der euro=
päischen Entwicklung bis in seine geheimsten Falten zu erspähen ver=
mochte, sah nicht die einfachsten Dinge, die um ihn her vorgingen;
nicht zehn Personen von Fleisch und Blut kamen auf je tausend
Anhänger, mit denen seine Phantasie rechnete; er war in Allem, wo=
bei seine Person ins Spiel kam, voll kindlichster Illusionen. Als er
den Verein gründete, konnte er in den Städten, welche bei der Grün=
dung vertreten waren, Alles in Allem auf wenige Hundert wirklicher,
d. h. zahlender Vereinsmitglieder rechnen. Wenn er auch noch an
anderen Orten Bevollmächtigte ernannte, so war das ein Privat=
vergnügen ohne praktischen Zweck, denn dieselben blieben Compagnie=
chefs ohne auch nur einen Rekruten.

Die empfindlichste Lücke in der Rüstung Lassalles war der
Mangel an jeder publicistischen Vertretung. Einzelne Organe erklärten
sich jetzt ganz oder theilweise für ihn; das hamburger Wochenblatt
„Nordstern", der leipziger „Zeitgeist", der frankfurter „Volksfreund",
der „Gradaus" in Eßlingen, endlich die „Fränkische Volkszeitung" in
Nürnberg und die „Schwäbische Volkszeitung" in Stuttgart, aber es
waren durchweg Winkelblättchen von wenigen Abonnenten, und die
meisten trugen den hippokratischen Zug; bei mehr als einem förderte
die Hoffnung auf pecuniäre Unterstützung die Bekehrung zu der neuen
Lehre. Einen gewissen Ersatz boten die Agitationsschriften Lassalles,
die massenhaft vertrieben wurden. Sie erfuhren um diese Zeit einige
Vermehrung. Seiner Vertheidigungsrede vom 16. Januar ließ
Lassalle zwei weitere Hefte folgen unter dem Titel: „Die Wissenschaft
und die Arbeiter II., III."; das erste schilderte den, wie erwähnt,
höchst dramatischen Verlauf der gerichtlichen Verhandlung, das zweite
gab als Appellationsrechtfertigung eine vernichtende Kritik des erst=
instanzlichen Urtheils. Als viertes Glied in diesen Cyklus reiht sich
die große Rede „Indirecte Steuern", die Lassalle in der Appellations=
instanz vor dem Kammergerichte hielt. Es gelang ihm, die vier=
monatliche Gefängnißhaft in eine Geldstrafe zu mildern. In jenen
vier Heften und dem ersten Arbeitervortrage, durch dessen gerichtliche
Verfolgung sie veranlaßt wurden, ist das Gediegenste und Reifste
von Lassalles Agitationsschriften enthalten. Hier kämpft er noch mit
einer Beredsamkeit, die weder vor= noch nachher vor den Schranken

preußischer Gerichte erhört worden ist, mit Waffen, die dreimal im Feuer der Wissenschaft gehärtet sind, einen gerechten und guten Kampf; was in seinen sonstigen Agitationsschriften peinlich und störend ist, die maßlose Polemik, die unerträgliche Eitelkeit, fehlt hier noch ganz oder ist nur erst in schwachen Anfängen vorhanden. Sonst wurden noch als Vereinsschriften verbreitet der „Offene Brief" von Robbertus an das leipziger Centralcomité, „Lassalle und seine Verkleinerer" von Bernhard Becker, „Das Recht auf Arbeit" von dem alten Socialisten Moses Heß. Die Poesie war vertreten durch Herweghs Bundeslied „Bet' und arbeit' ruft die Welt", das der bekannte Zukunftsmusiker Hans v. Bülow unter dem Pseudonym „Solinger" componirte, ferner durch den socialen Roman „Lucinde", den der frankfurter Advocat Jean Baptiste v. Schweitzer Lassalle gewidmet hatte. Lassalle war über diese poetischen Productionen in seiner Weise hoch begeistert. Das Lied, das für den Preis von 6 Pf. vertrieben wurde, nannte er ein nimmer sich erschöpfendes Oelfläschchen für die von Anfang an zerrütteten Finanzen des Vereins; über den Schweitzer'schen Roman schrieb er an Bernhard Becker: „Der sociale Roman ist ein gewaltiges Propagandamittel; Eugen Sue hat in Frankreich den gewaltigsten Nutzen gehabt."

Mehr noch als die Dichtungen selbst erfreute Lassalle wohl der Zutritt dieser gebildeten und zum Theil bekannten Männer zu seinem Verein. Als der Rechtsanwalt Martiny zu Kaukehmen und Herwegh in Zürich sich bereit erklärten, ein Bevollmächtigtenamt zu übernehmen, schuf er sofort eine neue Würde und ernannte Beide zu General- bevollmächtigten, den Einen für die Provinz Preußen, den Andern für die Schweiz. Beide haben nicht den kleinen Finger für den Verein gerührt, nicht einen einzigen Anhänger geworben. Herwegh, einer der trägsten Menschen, die je gelebt haben, schadete direct. Als am 20. Juli 1863 in Zürich die Delegirten von 36 Arbeitervereinen der Schweiz tagten, schickte das Comité auch eine Einladung an Lassalle; dieser beauftragte Herwegh mit seiner Vertretung, aber der also Ausgezeichnete ließ sich in der Versammlung nicht sehen. Die einfache Folge war, daß der Arbeitertag auf einen bissigen Vortrag Leopold Sonnemanns hin sich scharf gegen Lassalle erklärte. Dieser ward sehr zornig und beauftragte den frankfurter Bevollmächtigten seines Vereins, dafür zu sorgen, daß Leopold Sonnemann wegen der tiefen Unwahrhaftigkeit seines Wesens aus dem Arbeiterbildungsverein zu

Frankfurt hinausgethan werde. Der Versuch scheiterte an zwei Stimmen Majorität. Auch nach London wandte sich Lassalle an Freiligrath, erhielt aber keine Antwort. Dagegen erklärte sich der londoner Arbeiterbildungsverein für ihn, was ihn mehr peinigte als erfreute. „Nichts ist schwieriger und verwickelter, als das londoner Terrain," schreibt er an den Vereinssecretär. Er war in Sorge, wie er zu seinem alten Freunde Marx stand. Noch 1862 hatte er ihn in London besucht; seit Beginn seiner Agitation war eine stillschweigende Entfremdung zwischen ihnen eingetreten. Die nationale Richtung und die monarchische Organisation des Allgemeinen deutschen Arbeitervereins mußten dem kosmopolitischen Republikaner Marx zuwider sein. Zu einem offenen Conflicte ist es indeß nicht gekommen; erst nach dem Tode Lassalle's versetzte ihm Marx in dem ersten Bande des „Capitals" einen schnöden Fußtritt.

Im Allgemeinen war es ein erfolgloses Streben Lassalles, Vertreter des besitzenden und gebildeten Bürgerthums, Repräsentanten der Wissenschaft in die Reihen seines Vereins hinüberzuziehen, und wo es etwa gelang, war es seinen Interessen eher schädlich als nützlich. Einigermaßen entschuldigt wird es durch den qualvollen Kampf mit der Halbbildung, den er im Innern des Vereins zu führen hatte. Unter den Vorstandsmitgliedern war nur ein Mann von Bildung und Wissen, Kaufmann Lewy zu Düsseldorf, der Vereinskassirer; Vereinssecretär war Vahlteich, ein Prototyp jener anmaßenden und unfähigen Halbbildung, die am wenigsten einen einfachen und großen Gedanken aufzufassen versteht. Weder Vahlteich, noch die meisten Bevollmächtigten verstanden Lassalles Taktik; sie wollten das Dasein des Vereins durch große Heldenthaten der staunenden Welt verkünden; der Eine projectirte eine Unterstützungskasse für fechtende Handwerksburschen, der Andere wollte gesellige Vergnügungen in großem Stile arrangiren, der Dritte gar begann „Freiwilligenchöre" zu organisiren behufs Befreiung von Schleswig-Holstein, von Polen oder sonst einem verlassenen Menschenbruderstamme. In diesem Kampfe mit dem unendlich Kleinen zeigt sich Lassalle von einer guten Seite. Der heftige, hochfahrende Mann wird nicht müde, aufzuklären, zu beruhigen, zu belehren. Manchmal höchstens, wenn er Dutzende von Argumenten entwickelt hat und doch instinctiv fühlt, daß er einen Kampf kämpft, in dem selbst Götter unterliegen, ruft er verzweifelt aus: „Sollten Sie noch nicht überzeugt sein, Lieber, so rufe ich die

Disciplin an: es muß eben ein Wille sein!" So vergingen die ersten Tage und Wochen des Vereins; der Präsident in Berlin und der Secretär in Leipzig, wo der Sitz des Vereins war, schickten nach allen Himmelsrichtungen Briefe, Broschüren, Circulare, Statuten; es blieb ein Schöpfen in das Faß der Danaiden. Namentlich in Süddeutschland war gar keine Propaganda zu machen. Die meisten Sendungen blieben unerwiedert; wenn einmal eine Antwort eintraf, war sie ablehnend oder der neue Erwerb erwies sich als das alleruntauglichste Material für Lassalles Pläne, Querköpfe, die bei allen anderen Parteien abgefallen waren und ihr Entrée mit schrullenhaften Reformplänen feierten, dieser alte Fluch jeder neuen Parteibildung. Ein Glück noch für Lassalle, daß die gegnerische Presse seine Erfolge überschätzte; sie taxirte die Mitgliederzahl seines Vereins auf 10= bis 15,000 Mann.

Der erste Monat war vergangen und so viel hatte Lassalle schließlich erreicht, daß Freund und Feind gespannt der Dinge harrten, die da kommen sollten. Da am 27. Juni erschien in der „Deutschen Allgemeinen Zeitung" eine Proclamation, in welcher Lassalle urbi et orbi verkündete, daß er auf mehrere Monate in die Bäder reise und den Schriftsteller Dammer in Leipzig zum stellvertretenden Präsidenten ernannt habe. Der Hohn und Spott, der auf ihn herabregnete, war grenzenlos und nur zu verdient. Mochte auch hier der unselige Einfluß der Gräfin Hatzfeld thätig gewesen sein, dennoch zeigte sich in häßlicher Weise, wie hoch Lassalle seine Person über der Sache stand, die er so oft als die heiligste und wichtigste aller nationalen Culturfragen hingestellt hatte. Dies vorläufige Preisgeben einer Bewegung, bei der es für ihn nur zwei ehrenvolle Ziele geben konnte: gänzlichen Sieg oder gänzlichen Untergang, war einfach unverantwortlich für einen Reformer von seinen großen Plänen und noch größeren Worten. Der so handeln konnte, mochte Alles sein, ein Richard Cobden war er nicht. Indeß Lassalle ließ den Lärm über sich ergehen; er ging nach Tarasp, dann nach Samauden, endlich nach Ostende; erst Mitte September rüstete er sich zur Heimkehr.

Während dieser Zeit arbeiteten Dammer und Vahlteich nach besten Kräften an der Ausbreitung des Vereins, aber ihr Erfolg war nunmehr vollends gleich Null. Im August, ein Vierteljahr nach seiner Gründung, zählte der Verein auf dem Papiere in Hamburg und Harburg 230, in Frankfurt 67, in Leipzig 150, in Dresden 12, in Köln 32, in Elberfeld 223, in Düsseldorf 70, in Solingen 74, in Berlin 20, Alles in Allem 900—1000 Mitglieder. Die großen Zahlen Lassalles hatten sich als eben so große Irrlichter erwiesen.

Seine allmähliche Enttäuschung spiegelt sich charakteristisch in seinen Briefen an Vahlteich. Kurz vor seiner Abreise in die Bäder, am 25. Juni, schreibt er voll banger Ahnung: „Wir können nur durch große Massen marschiren. Eine Massenbewegung mit Nationalvereinszahlen wäre lächerlich. Wir müssen also sieben mal mehr haben als die Nationalvereinler. Sonst haben wir einen lächerlichen Schiffbruch erlitten." Dann weiter am 18. Juli: „Täuschen wir uns nicht! Wenn die Agitation nicht die Massen, nicht den Arbeiterstand erfaßt, ist sie trotz alledem verloren. Wenn wir nicht spätestens nach Ablauf eines Jahres große Zahlen auflegen können, sind wir ganz ohnmächtig, wie viel ideelle Siege wir auch noch erfechten möchten!" Am 25. Juli: „Wenn die Arbeiter so sind, wie Sie sie schildern, so werden wir uns trotz aller meiner Anstrengungen blamiren. Das steht fest." Endlich am 29. August: „Also circa 1000 Mitglieder in unserem Verein! Das sind vorläufig die Früchte unserer Thätigkeit! Nicht wahr, lieber Vahlteich, diese Apathie der Massen ist zum Verzweifeln! Solche Apathie bei einer Bewegung, die rein für sie, rein in ihrem Interesse stattfindet, und bei den in geistiger Beziehung immensen Agitationsmitteln, die schon aufgewendet worden sind, und die bei einem Volke, wie dem französischen, schon Riesenresultate gehabt haben würden! Wann wird dieses stumpfe Volk endlich seine Lethargie abschütteln!" Vahlteich räth zur Auflösung des Vereins, aber Lassalle erwidert: „Ganz unmöglich. Dazu ist die Zeit, die verflossen, viel zu kurz. Dann wäre die Schande für unsere Nation und Partei viel zu groß. Man müßte sich ja die Augen aus dem Kopfe schämen. Da will ich mich noch drei mal in die Länge und in die Breite legen. Nur Muth!"

So gab sich Lassalle noch nicht gefangen; er sann auf neue Mittel, den Verein zu heben; er wollte auf heimischem Boden zunächst debutiren mit einer, wie er es nannte, „Heerschau" über die rheinischen Arbeiter, unter denen er seine anhänglichsten, intelligentesten und tüchtigsten Jünger zählte.

III.

Laffalles „Heerschau" über die rheinischen Arbeiter, mit welcher er seine Rückkehr auf den heimischen Boden feierte, fällt in die letzten Tage des Septembers 1863; er wollte die erlesene Garde seiner Anhänger mustern und neue Rekruten werben; die blitzende Waffe, welche er sich zu diesem Zwecke schmiedete, war die Rede: „Die Feste, die Presse und der frankfurter Abgeordnetentag. Drei Symptome des öffentlichen Geistes." In dieser Kundgebung gipfelte die agitatorische Kraft Laffalles, aber es war der Gipfel, hinter welchem der Abgrund gähnt. Diese Beredsamkeit blendete mehr die Freunde, als daß sie die Gegner traf. Mitten durch das volle Pathos · des Agitators klingt schon mißtönend die hohle Phrase des Demagogen. Wohl wuchs mit der Zahl der Gegner die Kraft des einzelnen Mannes; wer ihren Spuren im Einzelnen folgt, wird vor diesem eminenten Können wachsende Bewunderung empfinden, aber die menschliche Sympathie mit dem Helden wird in demselben Grade schwinden. Laffalle fing an, kein Kampfmittel zu verschmähen; er, der noch vor wenigen Monaten auf Wahlteichs Vorschlag, die Zahl der Vereinsmitglieder in den officiellen Mittheilungen auf zehntausend anzugeben, mit vornehmer Kürze erwidert hatte: „Lügen schickt sich für uns nicht"; er, der in dem „Aussprechen dessen, was sei," das höchste politische Machtmittel erblickte, sprach jetzt nur zu oft Dinge aus, welche nicht waren. In der Heerschaurede kehrt er die schärfsten Waffen seiner Polemik gegen die deutsche Presse, und wer mag heute läugnen, daß ihm in mancher, in vieler Beziehung von den fortschrittlichen Organen bitterstes Unrecht gethan worden ist! Aber wenn er mit schwindelndem Pathos den Arbeitern zuruft: „Halten Sie fest, mit glühender Seele fest an dem Losungsworte, das ich Ihnen zuschleudere: Haß und Verachtung, Tod und Untergang der heutigen Presse! So wahr Sie leidenschaftlich und gierig an meinen Lippen hängen, so wahr meine Seele in reinster Begeisterung zittert, indem sie in die Ihrige überströmt, so wahr durchzuckt mich die Gewißheit: der Augenblick wird kommen, wo wir den Blitz werfen, der diese Presse in ewige Nacht begräbt!" — wer kann auch nur an die subjective Wahrheit dieser mühsam beim Lampenlicht gedrechselten Phrasen glauben, wenn er denselben Mund in demselben Momente schreiende Reclamen in der leichtfertigsten und unwahrsten Bedeutung des Wortes zu Gunsten einiger freundlich gesinnter Winkelblättchen, des hamburger „Nordstern", des frankfurter „Volksfreund", ausstoßen hört? Lassalle war schlechter geworden im Verlaufe des Kampfes; die sicherste Probe auf die Lauterkeit seiner Absichten ergab kein reines Facit.

Mit dem Charakter des Agitators veränderte sich der Charakter der Agitation; die Massenbewegung wurde aus einem Zwecke zu einem Mittel. Nicht mehr soll sie durch die eigene Schwerkraft die bestehende Ordnung in Gesellschaft und Staat umwälzen; vielmehr sucht Lassalle seine Lieblingsphrase von dem „Hammer", den der Wille der Masse in der Hand des einen denkenden Führers bilde, zur Wahrheit zu machen; an der Spitze von Hunderttausenden will er als ebenbürtiger Factor mit den herrschenden Gewalten verhandeln. Es beginnt das, was von Anhängern Lassalles noch häufiger als von Gegnern sein Bündniß oder doch sein Kokettiren mit der Reaction und der Regierung genannt worden ist. In der Heerschaurede zeigen sich die ersten deutlichen Spuren. Hier verhöhnt Lassalle die Feste, mit welchen das Land nach der Vertagung des Landtags im Mai 1863 die Standhaftigkeit der Opposition gefeiert hatte; hier verhöhnt er die Presse, gegen welche das Ministerium Bismarck kurz vorher die Preßordonnanz gerichtet hatte: hier verhöhnt er den frankfurter Ab= geordnetentag, welcher zu dem österreichischen Bundesreformprojecte des frankfurter Fürstentages keine absolut ablehnende Haltung eingenommen hatte, mit den Worten: „Die Fortschrittler liebäugeln mit den Fürsten, um — Herrn v. Bismarck bange zu machen; sie hoffen ihn ein= zuschüchtern durch Kokettiren mit den deutschen Fürsten. Das sind die Mittel dieser Aermsten! Und wenn wir Flintenschüsse mit Herrn v. Bismarck wechselten, so würde die Gerechtigkeit erfordern, noch während der Salven einzugestehen: er ist ein Mann, jene aber sind alte Weiber. Und noch niemals haben alte Weiber einen Mann eingeschüchtert, auch nicht, wenn sie nach anderen Seiten hin lieb= äugelten!" So Lassalles neue Taktik in der Theorie; ein äußerlicher Umstand gab ihm Anlaß, sie auch sofort in der Praxis zu bewähren. Er hielt seine Rede am 20. September in Barmen, am 27. in Solingen, am 28. in Düsseldorf. Der Zulauf der rheinischen Arbeiter war groß; jubelnd empfingen sie den blassen, schlanken Gelehrten, der durch seine mannhafte Haltung von 1848 und der Manteuffel'schen Reactionszeit her unter ihnen einer großen Popularität genoß, als den Bringer einer besseren Zukunft. Die lobernden Worte einer Rede,

beren Wirkung kunstvoll auf eine heißblütige Arbeiterbevölkerung be=
rechnet war, zündeten in den Köpfen; es kam zu raschen Ausbrüchen
heißer Begeisterung und wilden Zornes; als sich in der solinger Ver=
sammlung eine oppositionelle Minderheit durch Pfeifen und Zischen
bemerklich machte, wurden die Ruhestörer tumultuarisch entfernt und
es fielen bei der Gelegenheit einzelne Messerstiche. Eine halbe Stunde
darauf erschien der Bürgermeister von Solingen in bewaffneter Be=
gleitung und erklärte die Versammlung für aufgelöst. Vergebens
protestirte Lassalle; er mußte den Saal räumen und eilte an der
Spitze seiner Anhänger auf das Telegraphenamt, wo er folgende
Depesche aufgab: „Ministerpräsident v. Bismarck, Berlin. Fort=
schrittlicher Bürgermeister hat soeben an der Spitze von zehn mit
Bajonetgewehren bewaffneten Gendarmen und mehreren Polizisten mit
gezogenem Säbel von mir einberufene Arbeiterversammlung ohne
jeden gesetzlichen Grund aufgelöst. Umsonst mich auf das Vereins=
gesetz berufend protestirt. Mit Mühe das Volk — an Fünftausend
in dem großen Saale der Schützenhalle, noch mehrere Tausend vor
demselben — von Thätlichkeiten abgehalten. Von Gendarmen und
Zehntausenden vom Volke, die mich arretirt glaubten, nach dem
Telegraphenamte transportirt. Fahne der Elberfelder Arbeiter confis=
cirt. Bitte um strengste, schleunigste, gesetzliche Genugthuung. F. Lassalle.“
Das Telegramm blieb wirkungslos; überaus charakteristisch ist sein
Wortlaut. Wie pointirt ist der Gegensatz des fortschrittlichen Bürger=
meisters mit anderthalb Dutzend Polizisten, des socialistischen Agitators
mit Zehntausenden aus dem Volke; nicht weniger als dreimal kehrt
das berauschende, tönende Schlagwort der „Tausende“ in den paar
Zeilen wieder.

Wenn die solinger Depesche an sich nutzlos war, so schadete
sie anderseits Lassalle in der öffentlichen Meinung unermeßlich. Der
Vorwurf, daß er ein Werkzeug der Reaction sei, verzehnfachte sich;
nicht zum wenigsten unter seinen eigenen Anhängern wurden die
Köpfe geschüttelt und zusammengesteckt. Heute braucht die Behaup=
tung, daß er heimliche Stipulationen mit der conservativen Partei
oder der preußischen Regierung getroffen habe, nicht mehr ernsthaft
genommen zu werden; die einfache Thatsache, daß die Staatsanwälte
von Königsberg bis Düsseldorf ihn mit schweren Criminalprocessen
fast erdrückten, läßt es vielmehr nahezu unbegreiflich erscheinen, wie
solche Einbildungen jemals auch nur in den aufgeregtesten Köpfen

haben haften können. Die veränderte Taktik Laſſalles erklärt ſich leicht aus der thatſächlichen Lage der Dinge. Mit wie großem oder geringem Erfolge er ſich das fatale Factum, daß ſeine Agitation in dem Sinne, in welchem er ſie geplant hatte, ſchon nach einem Viertel= jahre geſcheitert ſei, wegzuraiſonniren verſuchen mochte, in Stunden ernſthaften Nachdenkens konnte er darüber nicht in Zweifel ſein. Und daß er als Führer weniger hundert oder beſten Falls weniger tauſend Arbeiter keinen Factor im öffentlichen Leben darſtellen könne, deſſen Bundesgenoſſenſchaft zu wünſchen und deſſen Gegnerſchaft zu fürchten ſei, wußte ein Mann von ſeinem Verſtande natürlich noch viel genauer. Statt dieſer fehlgeſchlagenen Hoffnungen winkte ihm aber die Erfüllung älterer Träume. Es iſt keine Frage, daß Laſſalle die Anfänge des Miniſteriums Bismarck mit ſchärferem Blicke beob= achtet hat, als die Mehrzahl der zeitgenöſſiſchen Politiker; nachdem die preußiſche Regierung „die föderaliſtiſche Intrigue“ des frank= furter Fürſtentages zum Scheitern gebracht hatte, ſah Laſſalle mit unbefangenerem und weiterem Blicke als die Fortſchrittspartei vor= aus, was ſich 1866 erfüllte. Der bevorſtehende Nationalkrieg zur Einigung Deutſchlands wurde von nun ab das A und O ſeiner Agitation; in allen ſeinen Reden und Schriften gab von Stund an dies Motiv den durchſchlagenden Grundton. Treffend ſpiegelt ſich der Umſchwung ſeines Innern in zwei Aeußerungen, die er vor dem berliner Kammergericht that, im Mai 1863 erwartet er Alles von dem Staate, „dem uralten Veſtafeuer aller Civiliſation,“ im März 1864 von einem „Königthume, das, geſtützt auf den Knauf des Schwertes, noch aus ſeinem urſprünglichen Teige geknetet baſteht.“ Bei der letzteren Gelegenheit ſprach er auch den innerſten Gedanken ſeiner neuen Taktik in den Worten aus: „Es iſt die ſtärkſte Diplo= matie, welche ihre Berechnungen mit keiner Heimlichkeit zu umgeben braucht, weil ſie auf erzene Nothwendigkeit gegründet ſind. Und ſo verkündige ich Ihnen an dieſem feierlichen Orte, es wird vielleicht kein Jahr mehr vergehen, und Herr v. Bismarck hat die Rolle Robert Peels geſpielt und das allgemeine und directe Wahlrecht iſt octroyirt!“ Laſſalle erwartete und ſprach es unverhohlen aus, daß wenigſtens in Preußen das Volk, unbekümmert um innere Conflicte, einer natio= nalen Politik in energiſchem und großem Stile jubelnd zuſtimmen würde; er hoffte, daß Herr v. Bismarck durch Verleihung des all= gemeinen Wahlrechts den in der großen Maſſe der deutſchen Nation unvertilgbar schlummernden Einheitsdrang gegen den dynastischen Widerstand der Fürsten und die parlamentarische Opposition der Fortschrittspartei aufrufen würde; in dieser Krisis gedachte er an der Spitze einer wenn nicht sehr zahlreichen, so doch entschlossenen, intelligenten, klarblickenden Arbeiterschaar ein entscheidendes Wort zu sprechen. Er kehrte den Vers Virgils um; nachdem es ihm miß= lungen war, den Acheron aufzustürmen, zählte er auf die Hülfe der Götter.

Während des Winters von 1863 auf 64 vollzog sich der Um= schwung seiner Agitation langsam, aber deutlich. Nebenumstände kamen hinzu, diesen Proceß zu fördern. Der im politischen Partei= kampfe dreimal wahre Satz von den Gegensätzen, welche sich berühren, bewährte sich auch hier; Wagener führte im Abgeordnetenhause mit Vorliebe die neue Bewegung der Fortschrittspartei als Schreckgespenst vor, was auf Lassalles Eitelkeit einen unauslöschlichen, für Unbe= fangene nahezu komischen Eindruck machte. Er schreibt darüber an Vahlteich: „Eigentlich liegt, genau besehen, hierin ein so kolossaler Erfolg, wie ich ihn nimmer erwartet hätte. Was wollen die Fort= schrittler machen, wenn uns die Conservativen so entgegenkommen?" Zu dieser Höhe der Begeisterung rissen den eitlen Mann kleine, maliciöse Scherze hin, wie sie die unberechtigte Eigenthümlichkeit jeder parlamentarischen Debatte sind: auch sonst sorgte die beginnende Entartung des Agitators in den Demagogen dafür, daß die neue Taktik oft in unwürdigen, der Mißdeutung fähigen Formen auftrat. Noch vor wenigen Monaten hatte sich Lassalle in seiner Leipziger Rede gerühmt, daß er seit funfzehn Jahren in allen seinen Conflicten mit der Regierung stets eine durchaus stolze, ja schroffe revolutionäre Attitüde gewahrt habe; jetzt verhöhnte er die Opposition, aus deren Reihen er hervorgegangen war, um einer Regierung zu schmeicheln, die ihn verfolgte. Mit einem Anscheine von Recht begann sein Name typischen Klang zu gewinnen als eines Werkzeuges der Reaction; seine glühendsten Anhänger fingen an, an ihm irre zu werden. Nach Art der Halbbildung versuchten sie, unfähig, die innere Entwicklung eines Charakters, wie Lassalle war, zu verstehen, das Räthsel durch äußere Beweggründe geheimnißvoller Natur zu lösen. Bernhard Becker erzählt, daß Lassalle durch seine Verbindung mit Boeckh, Förster, General Pfuel u. A. m. über die Pläne Bismarcks auf dem Laufenden erhalten worden sei; Vahlteich will gar wissen, daß

die zarten Hände der Gräfin Haßfeldt die intimen Bande zwischen
dem Ministerpräsidenten und dem Arbeiterführer gewoben hätten.
Heute sind diese Märchen auch für Ammenstuben überwundene
Standpunkte. Lassalles Beziehungen zu den entgegengesetzten Polen
der politischen Welt liegen klar vor. Er correspondirte mit einigen
conservativen Schriftstellern, mit Huber, mit Robbertus, mit Ersterem
mehr äußerlich und zufällig, denn der seinen milden Natur Hubers
blieb der Name Haßfeldt und was mit ihm zusammenhing, ein
unüberwindlicher Stein des Anstoßes. Gelegentlich nahm Lassalle
die Gefälligkeit Wageners in Anspruch, um eine Berichtigung in die
Spalten der „Kreuzzeitung" zu lanciren; mit peinlicher Gewissen=
haftigkeit sorgte er ferner dafür, daß alle seine Veröffentlichungen
in die Hände des Ministerpräsidenten gelangten. Auch mag eine
oder die andere flüchtige Berührung zwischen den beiden Männern
stattgefunden haben. So viel man weiß, hat Lassalle einmal Herrn
v. Bismarck aufgesucht, um sich über die Confiscation einer seiner
Broschüren zu beschweren; einem on dit zufolge sollen sie sich ein
ander Mal auf der Leipziger Straße begegnet und plaudernd eine
Weile neben einander gegangen sein. Der Erwähnung dieses Ge=
rüchts fügt Bernhard Becker voll urkomischen Zornes hinzu: „Die
Arbeiter wußten davon nichts." Geheimer ließen sich volksver=
rätherische Zettelungen freilich nicht anspinnen, als auf dem Trottoir
der belebtesten Straße Berlins.

Am 7. October 1863 kehrte Lassalle von seiner rheinischen
Agitationsreise nach Berlin zurück. Er war mit seinen neuesten
Erfolgen zufrieden. Zwar hatten sich nur etwa fünfhundert neue
Mitglieder in die Listen des Vereins eingezeichnet, aber der Traum
von den Zehntausenden war doch momentan eine greifbare Wirklich=
keit gewesen. Er plante jetzt, was er in dem Bulletinstil, der ihm
nachgrade zur zweiten Natur geworden war, die Eroberung Berlins
nannte. In der Hauptstadt hatte seine Lehre unter dem allmächtigen
Einflusse der fortschrittlichen Presse so gut wie gar keinen Boden
gefunden; er musterte in seiner nächsten Nähe nicht zwanzig An=
hänger. Berauscht von seinen rheinischen Triumphen, beschloß er,
den Stier bei den Hörnern zu packen. Persönlich erbitterte ihn die
Perfidie, mit welcher ihm die „Reform" und die „Volkszeitung"
nachsagten, nur der Schutz der Polizei habe ihn in Solingen vor
der Wuth der Arbeiter schützen können. An diese arge Entstellung

der Wahrheit anknüpfend, veröffentlichte er seine „Ansprache an die Arbeiter Berlins", die er in sechszehntausend Exemplaren unentgelt= lich verbreiten ließ. Er erörtete in dem Schriftchen nochmals in kurzen Zügen die Principien seiner Agitation; dann benutzte er einen Correspondenzartikel der frankfurter „Süddeutschen Presse", der in etwas grellen Farben die Erfolge seiner rheinischen Heerschau schilderte, um zu beweisen, daß die Fortschrittler da, wo sie „unter sich" seien, die immensen Resultate seines Auftretens anerkennten; im Namen „vieler Tausende" ihrer Brüder forderte er die Berliner Arbeiter auf, sich ihm anzuschließen; er schließt begeistert: „Durch meinen Mund sprechen zu Euch Eure Brüder vom Rhein und vom Main, von der Elbe und der Nordsee! Die wichtigsten Centren Deutschlands sind gewonnen. Leipzig und die Fabrikgegenden Sachsens sind für uns. Hamburg und Frankfurt am Main marschiren unter unserer Fahne. Das preußische Rheinland geht bereits im vollen Sturmschritt voran. Mit Berlin wird die Bewegung unwidersteh= lich!" Da ist nicht nur der Stil, da ist auch etwas von der Ver= logenheit des Bulletins; wie contrastirt mit diesen bombastischen Phrasen die deprimirte Stimmung Lassalles in den Briefen an seine Ver= trauten! Im Uebrigen erfüllten sich die Hoffnungen, welche er auf diese Ansprache setzte, in keiner Weise. Die Zahl der Berliner Ver= einsmitglieder nahm kaum merkbar zu; einigen Trost mochte es gewähren, daß sich unter dem Zuwachs ein paar gebildete Männer befanden: zwei Aerzte, Dr. Eisner und Dr. Louis Neumann, der Buchhändler Reinhold Schlingmann, in dessen Verlag fortan Lassalles Schriften erschienen, endlich ein Student, der jetzt als ehrsamer Oberlehrer in einem märkischen Landstädtchen lebt. Um diese Zeit schloß sich auch Wilhelm Liebknecht an Lassalle an. Liebknecht, durch eine rege Be= theiligung an den badischen Aufständen von 1848 und 1849 politisch compromittirt, hatte dreizehn Jahre als Verbannter in nahem Ver= kehre mit Engels und Marx zu London gelebt; Mitte 1862 kehrte er nach Deutschland zurück, um in Verbindung mit Braß und dem Novellendichter Schweichel ein republikanisches Organ in Berlin herauszugeben; es war die „Norddeutsche Allgemeine Zeitung". Als Braß sehr bald in das Lager der Regierung übertrat, trennten sich Liebknecht und Schweichel von ihm, und Ersterer wurde, wenn auch erst nach mißtrauischem Zögern, Mitglied des allgemeinen deutschen Arbeitervereins. Er war, wie er es noch heute ist, ein geschworener

Anhänger von Marx; Vieles an Laſſalle und ſeiner Agitation mußte ihm mißfallen; ſo iſt es zu keinem rechten Verſtändniß zwiſchen ihnen gekommen, denn auch Laſſalle erwiderte redlich das Mißtrauen ſeines neuen Jüngers.

Mehr noch aber als an der Unluſt der Arbeiter ſcheiterte die verſuchte Eroberung Berlins an zwei Factoren, deren jeder einzelne für Laſſalle unüberwindlich war; an dem dominirenden Einfluß der fortſchrittlichen Preſſe und an dem energiſchen Quod non der berliner Polizei. Die letztere tribulirte die berliner Vereinsmitglieder durch Hausſuchungen, durch Confiscationen von Broſchüren und Stammliſten; ſie veranlaßte die Wirthe, ihre Locale zu den Vereinsſitzungen nicht herzugeben; ſo war Laſſalle mit ſeiner dünnen Anhängerſchaar auf einer ewigen Wanderſchaft begriffen. Fanden ſie ja ein neues Heim, ſo konnten ſie ſich doch nicht heimiſch einrichten; fremde Geſtalten drangen in die geſchloſſenen Sitzungen und verurſachten unruhige Auftritte; gleichviel von wem dieſe Störungen zuerſt ausgingen, der berliner Fortſchrittsphiliſter fand nur zu bald Geſchmack an dieſem neuen Sport, der ihm ſechs Jahre ſpäter ſo verhängnißvoll werden ſollte. Laſſalle war endlich des grauſamen Spiels müde; er griff wieder zu ſeinen „großen Mitteln" und berief Maſſenverſammlungen, zu denen Jedermann der Zutritt freiſtand, aber er beſſerte damit nichts. Die lärmenden Störungen dauerten fort; am 22. November drangen gar Polizeibeamte in den Saal des Eldorado, wo Laſſalle ſprach, verhafteten ihn unter Beifall vieler Anweſenden als angeklagt des Hochverraths, den er in ſeiner „Anſprache" begangen haben ſollte, und trieben die Verſammlung mit Gewalt auseinander. Nach drei Tagen gelangte Laſſalle zwar gegen eine Caution von dreitauſend Thalern wieder auf freien Fuß, aber die perſönliche Agitation in Berlin blieb ihm für immer verleidet. Die Eroberung der Hauptſtadt war gänzlich mißglückt. Von Ende October bis Ende November 1863 ſtieg die Zahl der Vereinsmitglieder nur auf 200, im Februar 1864 war ſie ſchon wieder auf 35 zuſammengeſchmolzen.

Aber auch abgeſehen von dem abſchreckenden Eindruck dieſes argen Mißerfolges, dringendere und größere Sorgen begannen auf die Kraft des vielgeplagten Mannes einzuſtürmen. Der Tod des Königs von Dänemark griff mit rauher Fauſt in das ſorgſam ausgeklügelte Gewebe ſeiner Zukunftspläne. Laſſalle begriff eben ſo ſchnell, daß dieſer Zwiſchenfall der nationalen Politik des Miniſteriums

Bismarck neue Bahnen eröffne, wie er einsah, daß er selbst noch nicht im Entferntesten genügend auf die Rolle vorbereitet sei, die er sich in der entscheidenden Krisis zugedacht hatte. Zudem kreuzte die schleswig-holsteinische Bewegung empfindlich die Wirkungen seiner Agitation; viele der Vereinsmitglieder wurden von ihr hingerissen. An einen Bevollmächtigten, der wieder die Organisation von Frei=willigenschaaren plante, schrieb Lassalle erbittert: „Wir können uns unmöglich für das legitime Erbrecht des Herzogs von Augustenburg schlagen. Ist es national, zu den 33 deutschen Fürsten noch einen 34. zu schaffen? Ist das der Drang nach deutscher Einheit?" Er deutet in diesem Briefe verständlich an, daß die einzig rationelle Lösung der schleswig-holsteinischen Frage die Einverleibung der Elb=herzogthümer in Preußen sei, aber öffentlich wagte er nicht, so weit vorzugehen. In seiner tödtlichen Verlegenheit griff er endlich zu dem Mittel, das er an der Fortschrittspartei so oft verspottet hatte; er ließ seinen Verein eine nichtssagende Resolution fassen, welche die Trennung Schleswig=Holsteins von Dänemark, die „Einverleibung dieser Provinzen in Deutschland", forderte, aber vor der Bildung von Freiwilligenschaaren warnte. Kurz zuvor war Lassalle durch die polnische Frage in ein ähnliches Dilemma gerathen; auch hier blieb ihm schließlich nichts übrig, als den Thatendrang seiner An=hänger durch eine Resolution zu zügeln, die sich von den ähnlichen Adressen englischer und französischer Arbeiter dadurch unterschied, daß sie die Eroberungen deutscher Cultur und Sitte in Polen als einen legitimen Erwerb Deutschlands vertheidigte.

Unter solchen Arbeiten und Sorgen begann für Lassalle die Wintercampagne von 1863, indeß diese Anfänge — die erregten Massenversammlungen am Rhein, die stürmischen Eroberungsversuche Berlins, die unerwartet schnelle Entwicklung der nationalen Krisis — waren doch nur Spielereien gegen die schweren Kämpfe, die seiner noch harrten. Es handelte sich für ihn um drei unlöslich in einander verflochtene Aufgaben, von denen jede einzelne hingereicht haben würde, die Kräfte auch eines sehr begabten Mannes zu absorbiren. Es galt zunächst, einen Codex zu schaffen, an welchem die praktische Agitation in allen theoretischen Fragen ihren Anhalt finden könnte. Lassalle löste, behaftet mit einem halben Dutzend von Criminal=processen, die ihm aus seinen Agitationsschriften entstanden waren, so wie erdrückt von einer ungeheuren Correspondenz= und Verwaltungs=

last für den Verein, diese Aufgabe in drei Monaten; Januar 1864 erschien das bekannte Werk: „Herr Bastiat-Schulze von Delitzsch oder Capital und Arbeit." Es zerfällt zwanglos in zwei Theile, in die negative Kritik der liberalen Oekonomie und die positive Entwicklung des Capitalbegriffes, aus welchem die socialistischen Forderungen Lassalles abgeleitet werden, die sich auch in dieser theoretischen Aus-einandersetzung auf Productivassociationen mit Staatscredit beschränken. Der wissenschaftliche Werth des zweiten Theiles, obgleich derselbe nur den condensirten Gedankenextract der Theorie von Marx enthält, fand auch unter den Gegnern mannigfache Anerkennung; die „Ostsee-zeitung", damals wie heute ein eifrigstes Organ der Freihandels-partei, spendete vielen Ausführungen Lassalles warmes Lob. Bekannter wurde der erste Theil der Schrift wegen seiner maßlosen Polemik gegen Schulze-Delitzsch; sie strotzt von den ärgsten Geschmacklosigkeiten und Rohheiten; zu einiger Entschuldigung gereicht Lassalle, daß er nicht zuerst den gehässigen, persönlichen Ton in den Streit mit seinem namhaftesten Gegner eingeführt hatte; noch in seinem „Antwortschreiben" hatte er den Verdiensten Schulzes warme Anerkennung gezollt.

Die zweite Hauptthätigkeit Lassalles während des Winters 1863—64 war sein Kampf mit den Behörden und Gerichten. Ihn im Einzelnen zu verfolgen, ist unmöglich und an sich auch ohne Interesse; Bernhard Becker führt nicht weniger als 55 Schriftstücke, Eingaben, Gesuche, Bescheide, Recurse 2c. auf, die in diesem Winter zwischen Lassalle und den allerverschiedensten Behörden gewechselt wurden. Dazu kamen die localen Verfolgungen seines Vereins, in die er überall mit Rath und That eingreifen mußte. Verhaftet wurde er zwei mal; ein mal im Eldorado wegen Hochverraths; kurze Zeit darauf in der Potsdamerstraße am Arm der Gräfin Hatzfeldt auf Requisition des Düsseldorfer Instructionsrichters. Bei dieser Ge-legenheit schaffte er sich noch früher die Freiheit wieder, als jenes erste mal. In der That, wenn das preußische Ministerium die Agitation Lassalles erstarken lassen wollte, wie noch jüngst ein fort-schrittlicher Redner im Abgeordnetenhause behauptete, so gingen seine Organe, die Polizeibehörden und Staatsanwaltschaften, sehr schlecht auf die Intentionen der leitenden Stelle ein. Verhängnißvoller noch als die polizeiliche Verfolgungswuth der Conflictszeit erwies sich für Lassalle sein herrisches, höhnisches, petulantes Wesen, das ihm jeden Beamten, mit dem er zusammenstieß, unversöhnlich verfeindete. Er

3

kämpfte wie mit einer lernäischen Hydra; wenn er eine gerichtliche Procedur ganz oder zum Theil unschädlich gemacht oder, wie er sich auszudrücken liebte, „mit der Schärfe des Schwertes vernichtet" hatte, erwuchsen ihm aus seinen Vertheidigungsreden neue, nicht minder schwere Anklagen. So ging es ihm unter Anderem bei den drei größten und schwersten Criminalprocessen, die er während seiner Agitation zu bestehen hatte. Der erste derselben ist bereits erwähnt; als seine Vertheidigungsrede vom 16. Januar 1863: „Die Wissenschaft und die Arbeiter," im Drucke erschien, wurde sie sofort wieder unter Anklage gestellt. Den zweiten großen Proceß veranlaßte die rheinische Heerschaurede; nach erfolgter Drucklegung verfiel sie in Düsseldorf der Beschlagnahme; obgleich sie die schärfsten Angriffe gegen die Fortschrittspartei richtete und dem Ministerium Bismarck wenigstens relative Lobsprüche spendete, wurde der Verfasser dennoch der Erregung von Haß und Verachtung gegen Anordnungen der Obrigkeit angeklagt. In erster Instanz in contumaciam zu einem Jahr Gefängniß verurtheilt, bewirkte Lassalle durch seine persönliche Vertheidigung vor dem Appellgerichte die Herabsetzung der Strafe um die Hälfte, indeß seine im Druck erschienene Vertheidigungsrede wurde augenblicklich confiscirt und eine neue Anklage vorbereitet. Dasselbe Schicksal traf endlich die Vertheidigungsrede in Lassalles Hochverrathsprocesse wegen der „Ansprache an die Arbeiter Berlins," in welchem er März 1864 von dem Staatsgerichtshofe völlig freigesprochen wurde; der Strafantrag des Staatsanwalts hatte auf drei Jahre Zuchthaus und fünf Jahre Polizeiaufsicht gelautet. Aus diesem circulus vitiosus, in welchem jede Freisprechung oder Strafmilderung ein paar neue Anklagen hervorrief, gab es für Lassalles Natur kein Entrinnen; diesen unerschöpflichen Schwärmen gerichtlicher Proceduren, von denen hier nur die hauptsächlichsten angedeutet sind, hätte er bei längerer Lebensdauer naturnothwendig erliegen müssen.

Von Allem aber das Aufreibendste und Schwerste hatte Lassalle während des letzten Winters seines Lebens im Schooße seines Vereins durchzukämpfen.

IV.

Auch wenn man nicht von der Zinne der Partei über Lassalle aburtheilt, bleibt in seiner Arbeiteragitation Vieles, nur zu Vieles übrig, was vom rein menschlichen Standpunkte aus abstoßend und widerwärtig wirkt, aber doch nach einer Richtung hin wird ein billiger Urtheiler mit ungetheilter Theilnahme seiner Thätigkeit folgen. Es liegt immer etwas Erhebendes und zugleich Erschütterndes in dem Kampfe eines genialen, von brennendem Ehrgeize gespornten, titanische Pläne wälzenden Menschengeistes mit der alltäglichen Misère, mit den kleinen Leidenschaften der großen, trägen Masse; wie hart Lassalle zu verurtheilen sein mag, daß er von außen eine Bewegung in den Arbeiterstand trug, für welche dieser noch nicht das geringste Verständniß hatte, seine Schuld wird doch bis zu einem gewissen Grade gesühnt durch das Schicksal, welches ihm grade die bereiteten, für deren Lebensinteressen allein er vorgab sich erhoben zu haben. Für den aufreibenden Kampf innerhalb seines Vereins giebt es kein treffenderes Motto, als das Dichterwort:

Leicht zu lenken ist der Thor; leicht zu lenken, wer verständig;
Nur wer halbgebildet ist, bleibt für Götter selbst unbändig.

Es war ein Resultat bitterster Erfahrung, als Lassalle in einer Erwiderung auf eine Recension der „Kreuzzeitung" über den Bastiat-Schulze ausrief: „Ich bin der Erste zu erklären, daß jede sociale Verbesserung nicht einmal der Mühe werth wäre, wenn auch nach derselben die Arbeiter persönlich das bleiben, was sie in ihrer großen Mehrheit heute sind."

Es ist bereits hervorgehoben worden, daß sich unter den Bevollmächtigten und Vorstandsmitgliedern des allgemeinen deutschen Arbeitervereins kaum Einer befand, welcher die Pläne Lassalles auch nur zu würdigen verstand. In bunter Mischung waren es gutmüthige Enthusiasten; hohlköpfige Schwätzer; Ehrgeizige, die bei anderen Parteien abgefallen waren; Querköpfe und Querulanten, die eine Rolle um jeden Preis spielen wollten; bei den Meisten rannen diese Elemente in verschiedener Abstufung zu den wunderlichsten Complexen zusammen. Im Guten und Schlimmen schufen sie Lassalle böseste Tage und Wochen. Wollten sie ihren Eifer bethätigen, dann kamen sie auf die corruptesten Ideen; Bogen auf Bogen hatte Lassalle zu schreiben, um die Blasen zu zerstören, die in diesen müßigen Gehirnen aufstiegen. Am hartnäckigsten zerrten sie an der einheitlichen Organisation des Vereins, die ihm allein noch einen dürftigen Schein von Ansehen nach außen gab; sie verlangten seine Auflösung in örtliche Gruppen, wo sich dann freilich die Politik auf eigene Faust bequemer treiben ließ. Immerhin war dieser wenigstens gut gemeinte Eifer das geringere Uebel. Unerträglicher für Lassalle blieb der persönliche Hader und Zank, der von Anfang an unter den Häuptlingen zweiten Grades im Schwange ging; sie warfen einander die bitterbösesten Dinge vor; der gegenseitige Vorwurf, Arbeitergroschen vergeudet zu haben, war damals schon gang und gebe. Lassalle suchte sich diesen Krakehl möglichst vom Leibe zu halten, aber der tolle Wirbel riß ihn doch mehr als einmal in seinen trüben Strudel. Als sich der in Frankfurt lebende Herr v. Schweitzer an die Be= wegung anschloß, drohten die dortigen Mitglieder offen mit ihrem Abfall, wenn Schweitzer in ihren Versammlungen erschiene; erst als Lassalle die Cabinetsfrage stellte, fügten sie sich unwillig, aber die Animosität gegen Schweitzer blieb, und Lassalle, der in ihm seinen bedeutendsten Anhänger schätzte, konnte ihn entfernt nicht so ver= wenden, wie er wünschte. Ergrimmt schrieb er im April 1864 an Dammer: „Sollten in unserem Verein Reibungen, Kleinlichkeiten, Intriguen, Streitigkeiten in Fortschrittlerweise um sich greifen, so würde ich — ich bin ohnehin des Ekels voll, sehr voll! — mein Amt sofort niederlegen und es den Herren überlassen, sich untereinander zu zanken."

Trotzdem, wie es bei solcher Disposition der Gemüther zu gehen pflegt, griff die Hader= und Zanksucht immer weiter um sich und kehrte sich schließlich selbst direct gegen Lassalle. Auch der instinctive Haß gegen Bildung und Wissen, welcher dem heutigen Communismus ein so charakteristisches Gepräge giebt, trat schon in den ersten Anfängen der Bewegung hervor. Niemand Geringeres als der Vereinssecretär erhob die Fahne des Aufruhrs gegen den Vereinspräsidenten. Vahlteich war im October 1863 von Leipzig nach Berlin übergesiedelt; er verkehrte täglich mit Lassalle, aber selbst unter diesen günstigen Umständen vermochte er so wenig sich in die leitenden Gedanken der Bewegung einzuleben, daß grade er unab= lässig auf die Decentralisation, d. h. auf die Bankerotterklärung des Vereins drang. Schon Anfangs 1864 waren die gegenseitigen Be= ziehungen so kühl, daß Vahlteich am 1. Februar sein Amt nieder=

legte; an seine Stelle trat der Schwertarbeiter Willms aus Solingen. Vahlteich ging nach Dresden, wo er unter den Vereinsmitgliedern für seine Ideen Propaganda zu machen suchte; er wollte namentlich dem Vorstande eine größere Geltung neben dem Präsidenten verschaffen und er trug sich mit großen Plänen für die erste Generalversammlung, die Ende 1864 stattfinden sollte. Lassalle mißachtete anfangs diese Opposition; halb scherzend klagte er über die Scherereien, die ihm der „unnütze Mensch“ verursache, aber der Vicepräsident Dammer schrieb bedenklich: „Vahlteich ist sehr unzufrieden mit Ihnen. Er ist ein sehr stolzer Mann, der es nicht vertragen kann, daß man seine Ansichten und Handlungen nicht als unbedingt weise betrachtet.“ Nach lang=wierigem Hin und Her mußte Lassalle schließlich eine dicke Broschüre schreiben, um Vahlteichs Ausstoßung aus dem Vereine durchzusetzen; es war die letzte Arbeit seines Lebens, gewiß ein charakteristischer Zufall für den Verfasser des „Heraklit“ und des „Systems der erworbenen Rechte,“ des Gegners von Julian Schmidt und Schulze = Delitzsch.

Gefördert und genährt wurde die innere Zwietracht namentlich dadurch, daß die reellen Erfolge des Vereins nach außen hin nahezu Alles zu wünschen übrig ließen. Wohl erreichte es die riesige Kraft=anstrengung Lassalles, daß außerhalb Berlins die Zahl seiner Anhänger langsam wuchs, aber doch nur etwa in dem Verhältnisse, daß, wo er von Zehntausenden träumte, in Wirklichkeit Hunderte existirten. In dieser Beziehung waren seine Illusionen unheilbar; als einige Strumpfwirker aus dem böhmischen Dorfe Asch Zustimmungsschreiben voll confuser Begeisterung an ihn richteten, ließ er in seinen Bulletins nun gar noch die „Abkömmlinge der Hussiten“ aufmarschiren. Im Zusammenhange mit dem geringen Wachsthum des Vereins standen seine zerrütteten Finanzen. Der Beitrag jedes Mitgliedes betrug wöchentlich sechs Pfennige; dazu kam die Einschreibegebühr von zwei Silbergroschen, der Erlös aus dem Schriftenvertrieb, jeweilige Extra=besteuerung der wenigen begüterten Mitglieder u. A. m. Da ander=seits außer dem Secretärsgehalte von vierhundert Thalern nur Bureaukosten zu tragen waren, so hätte sich bei halbwegs regelmäßiger Zahlung der Beiträge immerhin ein leidlicher Etat herstellen lassen, indeß selbst die äußersten Anstrengungen Lassalles vermochten nicht, Ordnung in die Kassenverhältnisse zu bringen. Er hat es in dieser Beziehung an nichts fehlen lassen; die Bitt=, Mahn= und Drohbriefe, welche er an seine Bevollmächtigten richtete, sind gradezu unzählbar;

auch schonte er seine Privatkasse nicht und unterstützte namentlich die wenigen Blätter, die ihm anhingen, wie den hamburger „Nordstern", mit größeren Beiträgen. Alles vergeblich. Die meisten Mitglieder waren und blieben säumig im Zahlen; zwar bestimmten die Statuten daß, wer vier Wochen mit seinen Steuern rückständig bliebe, dadurch aufhören solle, Mitglied zu sein, aber eine rigorose Anwendung dieser Bestimmung hätte den Verein vollends zerstört. Was etwa noch einging, beanspruchten die Bevollmächtigten für ihre durch die Agitation verlorene Arbeitszeit; vergebens erinnerte sie Lassalle daran, daß sie einen Ehrenposten verwalteten, daß sie aus Liebe zu ihrem Stande, nicht für Bezahlung wirken müßten; selbstverständlich ließ sich der harte Zwang, unter dem einfache Arbeiter ihren Lebensunterhalt erwarben, nicht durch schöne Phrasen beseitigen.

In sieben Monate, vom 7. October 1863 bis 8. Mai 1864, drängen sich für Lassalle alle diese Kämpfe, Leiden und Sorgen zusammen. Was er in der kurzen Spanne Zeit vor sich gebracht hat, bleibt immerhin eine großartige Leistung. Die einzigen Ruhepunkte in dieser See von Plagen waren die Beweise von Anhänglichkeit und Liebe, die ihm aus der Arbeiterwelt entgegengetragen wurden; aus mehreren Orten wurden ihm Adressen, bedeckt mit Tausenden von Unterschriften, übersandt. Sie waren tröstender Balsam für seine tiefverletzte Eitelkeit und sie erweckten aufs Neue in ihm trügerische Hoffnungen. Aber in Stunden ernster Einkehr konnte er sich doch nicht verhehlen, daß er für eine verlorene Sache kämpfe; seine letzte Hoffnung blieb, daß die bevorstehende nationale Krisis ihm einen ehrenvollen Ausweg aus seiner verzweifelten Lage eröffnen werde So schreibt er am 14. Februar 1864 an die Bevollmächtigten des Vereins: „Neue Gelder kann ich schlechterdings nicht mehr beschaffen und eben so wenig schon jetzt den Verein zu Grunde gehen lassen, so lange Hoffnung am politischen Himmel winkt .... Ich bin todtmüde, und so stark meine Organisation ist, so wankt sie bis in ihr Mark hinein. Meine Aufregung ist so groß, daß ich keine Nacht mehr schlafen kann. Ich wälze mich bis fünf Uhr auf dem Lager und stehe mit Kopfschmerz und tief erschöpft auf. Ich bin überarbeitet, überangestrengt, übermüdet im furchtbarsten Grade; die wahnsinnige Anstrengung, den Bastiat-Schulze, außer und neben allem Andern in drei Monaten auszuarbeiten, die tiefe und schmerzliche Enttäuschung, der fressende, innere Aerger, den mir die Gleichgültigkeit und Apathie des Arbeiterstandes, in seiner Masse genommen, einflößt — Beides zusammen war selbst für mich zu viel! Ich treibe ein métier de dupe und ärgere mich innerlich zu Tode, um so mehr, als ich diesem Aerger nicht Luft machen kann und ihn nach innen würgen, oft noch das Gegentheil behaupten muß! Und gleichwohl werde ich die Fahne nicht fallen lassen, so lange noch irgend ein Hoffnungsflämmchen am Horizonte blinkt."

In so zerschlagener Stimmung verließ Lassalle am 8. Mai 1864 Berlin, um seine sommerliche Vergnügungsfahrt anzutreten. Vorher aber eilte er dorthin, wo er die glücklichsten Tage seiner Agitation verlebt und ihre glänzendsten Triumphe gefeiert hatte; wieder wollte er über die rheinischen Arbeiter „Heerschau" halten oder, wie es jetzt in seinen Bulletins hieß, „glorreiche Heerschau." Er sprach am 14. Mai in Solingen, am 15. in Barmen, am 16. in Köln, am 18. in Wermels= kirchen. Seine dortigen Anhänger empfingen ihn mit stürmischem Jubel; der alte, schlimme Zauber bewährte noch einmal seine ganze Kraft. Am 17. Mai ruft Lassalle Bernhard Becker aus Frankfurt zu sich mit den Worten: „Sie werden sich gesund baden im Volks= enthusiasmus;" am 20. Mai schreibt er der Gräfin Hatzfeldt: „So was habe ich noch nie gesehen! Unwillkürlich mußten Einem die Faustscenen einfallen! Sowohl die im ersten Theil (Zufrieden jauchzet Groß und Klein; hier bin ich Mensch, hier darf ich's sein), als die am Schlusse des zweiten Theiles, wo er befriedigt stillsteht. Die ganze Bevölkerung war in einem namenlosen Jubel. Ich hatte beständig den Eindruck, so müsse es bei der Stiftung neuer Religionen ausgesehen haben." So schreibt Lassalle an seine Vertrautesten, ein sicherer Beweis dafür, daß er momentan an das glaubte, was er sagte, aber auch ein erschreckendes Zeugniß, ein wie haltlos schwankendes Rohr er trotz seiner eisernen Energie, trotz seines eminenten Verstandes in den wilden Stürmen seines eitlen Sinnes geworden war.

Der Höhepunkt dieser Agitationsreise war das Stiftungsfest des Vereins, welches am 22. Mai in Ronsdorf gefeiert wurde. Hier hielt Lassalle die Rede, welche unter dem Titel: „Die Agitation des allgemeinen deutschen Arbeitervereins und das Versprechen des Königs von Preußen" im Drucke erschienen ist. Wenige Wochen vorher war die damals vielbesprochene Weberdeputation aus Schlesien vom Monarchen empfangen worden; sie galt bekanntlich als ein Coup, den die Junkerpartei gegen einige Großindustrielle, einflußreiche

Führer der Fortschrittspartei, und damit gegen diese selbst ausspielen wollte; die königliche Antwort, tröstenden Inhalts, aber an sich ganz allgemeiner Natur, behandelt Lassalle als den großartigen Haupterfolg seiner Agitation! Neben dem Thron muß auch der Altar für ihn zeugen. Der Bischof von Mainz hatte in einer unbedeutenden Broschüre sich zwar gegen die positiven Vorschläge Lassalles ausgesprochen, aber er hatte ihm Recht gegeben in seinem Streite mit Schulze-Delitzsch; so wird flugs der „hohe Kirchenfürst, der am Rhein fast als ein Heiliger verehrt wird," zum Proselyten der socialdemokratischen Bewegung gepreßt. Diesem Humbug reihen sich die die übrigen Erfolge, welche Lassalle in seiner ronsdorfer Rede aufzählt — darunter auch Triumphe in Berlin!! — würdig an. Hier giebt sich Lassalle als vollendeter Demagoge; vergleicht man diese Kundgebung mit seinem „Arbeiterlesebuch," dann erkennt man mit unheimlicher Deutlichkeit, wie weit es mit ihm im Laufe eines kurzen Jahres gekommen war; die Ronsdorfer Rede, die auch literarisch zu dem Mittelmäßigsten gehört, was je aus seiner Feder geflossen, ist ein schändliches Lügengewebe von Anfang bis zu Ende.

Mit ihr schließt die „glorreiche Heerschau;" mit ihr auch im Wesentlichen die Arbeiteragitation Lassalles. Er ging nach Ems, wo er während des Monats Juni lebte. Hier verhandelte er mit Herrn v. Hoffstetten, einem bairischen Exlieutenant und unbedeutenden Phantasten, der sich ihm neuerdings angeschlossen hatte, so wie mit Herrn v. Schweitzer über die Gründung eines eigenen Vereinsorgans. Man kam dahin überein, es unter dem Titel „Socialdemokrat" vom 1. Januar 1865 ab in Berlin unter der Redaction der beiden Edelleute erscheinen zu lassen. Nach Verlauf seiner Emser Cur und mancherlei Kreuz- und Querreisen am Rhein, in der Pfalz und in Baden, siedelte Lassalle Mitte Juli in die Schweiz nach Rigi-Kaltbad über. Hier schrieb er die bereits erwähnte Broschüre gegen Wahlteich. Eben hatte er am 25. Juli das Manuscript nach Berlin abgesandt, als ihn Helene v. Dönniges in seiner Einsamkeit aufstörte. Es begann jene berufene Intrigue, welche sich durch den August hinzog, am 29. dieses Monats zu Genf das Duell zwischen Lassalle und Janko v. Rakowitz und am 31. den Tod des Ersteren zur Folge hatte.

Was Lassalle in den letzten Monaten seines Lebens für die Zukunft der von ihm eingeleiteten Bewegung gesonnen und gesponnen hat, ist nicht mit völliger Gewißheit festzustellen. Am Schlusse seiner ronsdorfer Rede nimmt er gewissermaßen Abschied von seinen Anhängern; er ruft ihnen zu: Exoriare aliquis nostris ex ossibus ultor! Man hat dies darauf deuten wollen, daß er aus Scheu vor den mehrjährigen Gefängnißstrafen, die theils schon über ihn verhängt waren, theils unmittelbar drohten, sich mit dem Plane getragen habe, nicht nach Deutschland zurückzukehren. Schon bei Ausstellung des Auslandspasses hatte ihm das berliner Polizeipräsidium Schwierigkeiten gemacht. Gewiß ist, daß Lassalle seiner Angst vor einer längeren Gefängnißstrafe mehrfach unverhohlenen Ausdruck gegeben hat; gewiß auch, daß ihn die Gräfin Hatzfeld mit demselben Ungestüm, mit welchem sie ihn in die Bewegung getrieben hatte, jetzt bestürmte, sie feige im Stich zu lassen; endlich mußte sich Lassalle sagen, daß, ob er nun im Auslande oder im Gefängniß weilte, der verderbliche Rückschlag auf seinen Verein der gleiche sein müßte. Dennoch ist es höchst unwahrscheinlich, daß er sich ernsthaft mit Fluchtgedanken getragen hat. In seinen intimen Briefen an die Gräfin widerspricht er dem Plane aufs Bestimmteste; zudem wenn nicht sein Ehrgefühl, so war mindestens seine Eitelkeit ein unübersteigliches Hinderniß dagegen, daß er unter dem Hohngelächter von ganz Deutschland wie ein Dieb in der Nacht vom Schauplatze seiner Thaten verschwand; eher noch hätte er nach seiner Charakteranlage den Tod gesucht. Auch hat man wohl behauptet, daß er, um zu sterben, das Duell provocirt habe, indeß dem widerspricht der ganze Verlauf seiner Liebesaffaire aufs Unwiderleglichste. In seiner Correspondenz mit dem Vereinssecretär giebt er sich durchaus, als ob Alles in dem alten Geleise bleiben solle; er bekümmert sich nach wie vor um alle Einzelheiten des Vereinslebens und trifft namentlich die Vorbereitungen für die bevorstehende Generalversammlung. Hin und wieder ist in einen Briefen, bald sehr kleinlaut, bald sehr überschwänglich von einem Coup die Rede, den er im Herbst zu Hamburg ausführen wollte; ist anders Bernhard Becker recht unterrichtet, so beabsichtigte er, den Verein eine Resolution zu Gunsten der Einverleibung der Elbherzogthümer in Preußen fassen zu lassen. Am wahrscheinlichsten bleibt, daß Lassalle über seine nächsten Pläne selbst noch völlig im Unklaren war, als er durch den Besuch jener Dame überrascht wurde; nach diesem Tage während seiner Liebesfahrten hat er sich um den Verein nicht im Geringsten mehr gekümmert. Der Rausch der „glorreichen Heerschau" war jedenfalls gründlich verflogen;

die letzte Aeußerung über politische Dinge, die er schriftlich gethan hat, ist voll tiefer Entmuthigung. Er schreibt am 28. Juli an die Gräfin Hatzfeldt: „Ach, wie wenig Sie au fait in mir sind! Ich wünsche nichts sehnlicher, als die ganze Politik los zu werden und mich in Wissenschaft und Natur zurückzuziehen. Ich bin der Politik müde und satt. Zwar ich würde leidenschaftlich wie je für dieselbe aufflammen, wenn ernste Ereignisse da wären, oder wenn ich die Macht hätte oder ein Mittel sähe, sie zu erobern — ein solches Mittel, das sich für mich schickt, denn ohne höchste Macht läßt sich nichts machen. Zum Kinderspiele aber bin ich zu alt und zu groß. Darum habe ich höchst ungern das Präsidium übernommen. Ich gab nur Ihnen nach. Darum drückt es mich jetzt so gewaltig." Hält man diese Worte neben die ronsdorfer Rede, dann schließt die Agitation Lassalles, wie sie nach ihren unklaren Anfängen schließen mußte: mit einer grellen Dissonanz, mit einem schreienden Widerspruch, mit einer tiefen Unwahrheit.

Die Vorgänge, welche den Tod Lassalles herbeiführten, fallen außerhalb des Rahmens dieser Darstellung, auch lassen sie sich in einigen entscheidenden Knotenpunkten nicht einmal andeutungsweise schildern. Die authentischen Actenstücke und Briefe finden sich in den „Enthüllungen über das tragische Lebensende Ferdinand Lassalles von Bernhard Becker." Der Culturhistoriker der Zukunft wird aus diesen Documenten einst schwere Anklagen gegen die sittliche Fäulniß schöpfen, welche so oft hinter den glänzendsten Außenseiten unserer hochgepriesenen Cultur verborgen ist. Es ist eine sehr erlauchte Gesellschaft, die in dieser Tragikomödie — denn das ist sie trotz ihres blutigen Ausganges nur gewesen — auftritt: Minister, Gesandte, Bischöfe, Generale, Obersten, berühmte Gelehrte, Grafen und Gräfinnen, des niederen Adels ganz zu geschweigen, aber kaum ein guter, menschlicher Gedanke wird laut, kaum eine sympathische Gestalt erscheint, während sich der traurige Wahnsinn der schmutzigen Intrigue durch lange Wochen fortschleppt. Die Gegner Lassalles benahmen sich elend und widerwärtig, aber auch seine Heldenrolle ist überaus triste. Er ist nicht untergegangen an einem Conflicte der Liebe oder der Politik: wenn er in seinen Briefen an Oberst Rüstow wüthend schreibt: „Mich zerbricht meine Gimpelei," so spricht er sein eigenes Urtheil; was ihn in den Tod trieb, war die blinde Wuth des Roué, der, als sich ihm ein Weib in die Arme warf, vielleicht zum erften male in feinem Leben fittliche Bedenken verfpürte und fich dadurch feine Beute für immer entriffen fah. Die einzige erquickliche Erfcheinung in dem Wirrwar ift der bairifche Minifter des Auswärtigen, Freiherr v. Schrenk, welcher, von Laffalle um feine Intervention angerufen — Herr v. Dönniges war bekanntlich bairifcher Gefandter in der Schweiz — dem vielberufenen Agitator ächt menfchliche Theilnahme bezeigt. Dagegen ift vielleicht die ab= ftoßendfte Scene des Spektakelftücks die Verhandlung zwifchen der Gräfin Hatzfeldt und dem Bifchof Ketteler von Mainz über — die Taufe Laffalles. Der fromme Prälat erklärte, er wiffe wohl, daß Laffalle nur aus weltlichen Gründen zu convertiren beabfichtige, aber er fei dennoch zur Vornahme der heiligen Handlung bereit, denn er hoffe, auch an diefem ftarken Geifte werde fich die Macht der Kirche bewähren. Erfreulicher Weife wurde die Gefchichte der katholifchen Kirche nicht mit diefer widrigen Poffe befleckt. Als die Gräfin triumphirend in die Schweiz zurückkehrte, hatte Laffalle entdeckt, daß die Familie Dönniges proteftantifch fei, und fo warf er den „hohen Kirchenfürften, der am Rheine faft als ein Heiliger verehrt wird," gleichgültig bei Seite wie einen werthlofen Rechenpfennig, den er irrthümlich für ein Goldftück gehalten hatte.

Unter feinen Anhängern in Deutfchland rief die Nachricht von Laffalles Tode felbftverftändlich die äußerfte Beftürzung hervor. Die Leitung des Vereins lag nun in den Händen des Vicepräfidenten Dammer, des Secretärs Willms, Schweitzers und Bernhard Peckers. Letzterer war von Laffalle teftamentarifch als fein Nachfolger im Präfidium empfohlen worden, indeß fehlte ihm fowohl das Anfehen, wie die geiftige Kraft, um die Zügel ·der Leitung fofort energifch zu ergreifen; erft im November gelang es ihm, nach mancherlei Weiterungen feine Wahl endlich durchzufetzen. Zuvörderft fuchte man die Genoffen zufammenzuhalten durch Todtenfeiern, die zu Ehren Laffalles an allen Orten veranftaltet wurden, wo der Verein eine größere Mitgliederzahl befaß. Auf ihnen begann die Vergötterung des Todten, die fpäter zu fo widerwärtigen Extravaganzen führte. Die Gräfin Hatzfeldt beabfichtigte gar, die Leiche Laffalles im Triumphzuge durch Deutfchland zu führen; glücklicherweife wurde der Scandal im Keime erftickt. Als der Rheindampfer, welcher den Todten trug, in Köln anlegte, nahm die Polizei auf Bitten der Familie Laffalles den Sarg in Befchlag und ließ ihn direct nach

Breslau führen. Dort ist er auf dem israelitischen Kirchhofe beigesetzt; die Inschrift des Grabsteins: „Hier ruht, was sterblich war von Ferdinand Lassalle, dem Denker und dem Kämpfer," hat kein Geringerer geschrieben, als Boeckh.

Bei Lassalle's Tode war der allgemeine deutsche Arbeiterverein in 52 Orten vertreten oder wenigstens vertreten gewesen. In 21 derselben war er wieder völlig ausgestorben; in 15 zählte er mehr als 100 Mitglieder und zwar in Asch (112), in Barmen (529), in Düsseldorf (259), in Duisburg (239), in Elberfeld (160), in Frankfurt a. M. (117), in Großburgk (155), in Hamburg (489), in Harburg (176), in Köln (161), in Leipzig (349), in Ronsdorf (523), in Solingen (500), in Wermelskirchen (245), in Wüste-Waltersdorf (128). Alles in Allem wurden in den Listen geführt 4610 Mitglieder. Unter ihnen befanden sich nur zwei Männer, welche an Geist, Talent und Wissen sich mit den Führern anderer Parteien messen konnten. Es waren Liebknecht und Schweitzer.

<hr />

V.

Wenige Wochen nach Lassalles Tode betrat sein einstiger Freund und Lehrer wieder die politische Bühne, Karl Marx, der ihm so wenig vergleichbar ist an allseitig glänzenden Gaben des Geistes, an organisatorischem Talent, an politischem Scharfblicke, als er ihn überragt an eiserner Consequenz der Lebensanschauung und nahezu unabsehbarem Umfange nationalökonomischen Wissens. Während der geistige Durchschnittsgehalt der socialistischen Führer zweiten und dritten Ranges allem Anschein nach in Deutschland um Vieles geringer ist als beispielsweise in England und Frankreich, hat anderseits die socialistische Bewegung keines europäischen Culturlandes eine Gestalt hervorgebracht, welche sich an historischer Größe mit diesen beiden Deutschen vergleichen ließe. Sie haben manches Gemeinsame, in ihrem äußeren Lebensschicksal nicht minder, als in ihrem geistigen Wesen: die jüdische Abstammung, die glänzende oder doch behagliche Stellung im socialen Leben, daneben den nimmer rastenden Ehrgeiz und eine immense Arbeitskraft. Aber darüber hinaus waren ihre Charaktere grundverschieden, ja sie mußten sich bis zu einem gewissen Grade abstoßen. Lassalle war eine Makkabäernatur, glühender Impulse fähig und einer nationalen Begeisterung von ächtem Gehalte, während Marx immer berechnend, grübelnd, kalt nur in den eisigen Regionen eines abstracten Kosmopolitismus Lebensluft geathmet hat. Beide haben viel gefehlt und viel gesündigt, aber Lassalle steht uns selbst in seinen Fehlern menschlich näher, wie Marx in seinen Vorzügen. Die hinreißende Leidenschaft Lassalles, selbst wo sie in demagogisches Treiben entartet, bleibt immer sympathischer als die sorgsam ausgeklügelten, giftig zugespitzten Antithesen in den öffentlichen Proclamationen von Marx; dort die Tatze des Löwen, hier das kalt funkelnde Auge der Schlange. Lassalle ist in seinen Kämpfen nur zu oft heftig, leidenschaftlich, rücksichtslos, ja selbst frech und roh gewesen, aber es war doch immer ein wilder Zorn, welcher den ganzen Mann fortriß, während die Polemik von Marx einen unsäglich keifenden, kleinlichen, versteckten, widerwärtigen Zug hat. Unter unseren hervorragenden Gelehrten ist schwerlich einer, bei dem großartige Kenntnisse so wenig sittigend auf den Charakter gewirkt hätten, wie bei Marx, während die versöhnende Weihe der Wissenschaft der Gestalt Lassalles, selbst in den trübsten Wirbeln seines Lebens, die menschliche Theilnahme auch seiner heftigsten Gegner sichert.

Karl Marx steht gegenwärtig etwa im sechzigsten Lebensjahre. Er ist der Sohn eines höheren Beamten und mit einer Schwester des ehemaligen Ministers v. Westfalen verheirathet. Diese äußeren Umstände, mehr noch sein eherner Fleiß und seine reiche Begabung eröffneten ihm eine weite Laufbahn im Staatsdienste, aber er zog es vor, sich umfassenden Privatstudien auf philosophischem und volkswirthschaftlichem Gebiete zu widmen und gab sich dann, schon in jungen Jahren, mit rückhaltlosem Fanatismus dem Kampfe für die sociale Emancipation des Proletariats hin, den er nunmehr seit einem Menschenalter ununterbrochen kämpft. Bereits im Anfange der vierziger Jahre lag er in rastloser Fehde mit den bestehenden Gewalten; von der Polizei des Continents gehetzt, wanderte er ruhelos hin und her zwischen Köln, Paris, Brüssel, London. In Paris redigirte er mit Arnold Ruge die „Deutsch-französischen Jahrbücher", mit Heinrich Heine den „Vorwärts"; 1848 nach Deutschland zurückgekehrt, gab er in Köln einige Monate lang mit Engels und

Wolff die „Rheinische Zeitung" heraus, wohl die geistig bedeutendste publicistische Erscheinung des Revolutionsjahres. Bereits vorher hatte er, Ende 1847, gleichfalls in Gemeinschaft mit Engels, von London aus das „Manifest der communistischen Partei" veröffentlicht, das in englischer, französischer, deutscher, italienischer, flämischer und dänischer Sprache über Europa verbreitet wurde. Es ist ein sehr merkwürdiges Actenstück; der ganze Marx giebt sich in diesen Sätzen mit sprechender Deutlichkeit; Perspectiven von welthistorischer Weite, Gedanken von philosophischer Tiefe wechseln in buntem Wirrwarr mit kleinlichem Gezänk, mit den giftigen Phrasen einer gewissen= losen Demagogie. Und auch den Communismus von heute spiegelt die Proclamation mit großer Schärfe wieder, wenngleich man damals etwas offener und unverhüllter sprach. Leider ist sie zu ausführlich, um hier auch nur im Auszuge mitgetheilt zu werden; es seien nur einige prägnante Stellen herausgegriffen. Der unaufhörlich wieder= kehrende Refrain ist das eherne Lohngesetz; so heißt es beispielsweise: „Die Kosten, die der Arbeiter verursacht, beschränken sich daher fast nur auf die Lebensmittel, die er zu seinem Unterhalt und zur Fortpflanzung seiner Race bedarf." Als Forderungen, welche „für die fortgeschrittensten Länder ziemlich allgemein in Anwendung kommen können," werden etwa dieselben aufgezählt, welche das gothaer Programm enthält; Einzelnes ist indeß der zahmeren Zeit zum Opfer gefallen, wie der famose Satz: „Confiscation des Eigenthums aller Emigranten und Rebellen." Ganz modern klingen wieder Sätze, wie folgende: „Die moderne Staatsgewalt ist nur ein Ausschuß, der die gemeinschaftlichen Geschäfte der ganzen Bourgeoisklasse verwaltet. Die Bourgeoisie hat in der Geschichte eine höchst revolutionäre Rolle gespielt. Wo sie zur Herrschaft gekommen, hat sie alle feudalen, patriarchalischen, idyllischen Verhältnisse zerstört. Sie hat die bunt= scheckigen Feudalbande, die den Menschen an seinen natürlichen Vorgesetzten knüpften, unbarmherzig zerrissen und kein anderes Band zwischen Mensch und Mensch übrig gelassen, als das nackte Interesse, als die gefühllose, „baare Zahlung." Sie hat die heiligen Schauer der frommen Schwärmerei, der ritterlichen Begeisterung, der spieß= bürgerlichen Wehmuth in dem eiskalten Wasser egoistischer Berechnung ertränkt. Sie hat die persönliche Würde in den Tauschwerth auf= gelöst und an die Stelle der zahllosen verbrieften und wohlerworbenen Freiheiten die eine gewissenlose Handelsfreiheit gesetzt. Sie hat, mit

Einem Worte, an die Stelle der mit religiösen und politischen Illusionen verhüllten Ausbeutung die offene, unverschämte, directe, dürre Ausbeutung gesetzt 2c." Und glaubt man nicht einen Demagogen allerniedrigsten Schlages zu hören, wenn Marx schreibt: „Unsere Bourgeois, nicht zufrieden damit, daß ihnen die Weiber und Töchter ihrer Proletarier zur Verfügung stehen, von der officiellen Prostitution gar nicht zu sprechen, finden ein Hauptvergnügen darin, ihre Ehefrauen wechselseitig zu verführen?" Das Manifest schließt dann: „Die Communisten verschmähen es, ihre Ansichten und Absichten zu verheimlichen. Sie erklären es offen, daß ihre Zwecke nur erreicht werden können durch den gewaltsamen Umsturz aller bisherigen Gesellschaftsordnung. Mögen die herrschenden Klassen vor einer communistischen Revolution zittern! Die Proletarier haben nichts in ihr zu verlieren als ihre Ketten. Sie haben eine Welt zu gewinnen. Proletarier aller Länder, vereinigt Euch!" Einen praktischen Erfolg hat das Manifest selbst in jener erregten Zeit nicht gehabt.

Nach dem Scheitern der Bewegung von 1848 siedelte Marx wieder nach London über, wo er seither gelebt hat; den heimischen Boden hat er nur noch neuerdings bei flüchtigen Besuchen betreten. Anfangs der fünfziger Jahre war sein Name vielfach in den Kölner Communistenproceß unseligen Andenkens verflochten. In der englischen Hauptstadt sammelte sich ein kleiner Kreis bewundernder Jünger um ihn, Engels, Liebknecht, der Schneider Eccarius und Andere. Darüber hinaus schaffte ihm sein galliges Temperament unter den Emigranten viele Feinde; der Fluch der Heimatlosigkeit wirkte auf diesen Charakter doppelt verheerend; Besucher aus Deutschland haben oft den unerfreulichen Gegensatz seiner bissig-kleinen Natur zu dem milden, treuen Wesen eines Freiligrath und Kinkel geschildert. Mit Karl Vogt focht er eine grimmige Fehde aus; würdiger verwandte er seine geistige Kraft in dem vernichtenden Pamphlete: „Der 18. Brumaire," das er gegen den Staatsstreich Louis Napoleons schleuderte. Seine Hauptthätigkeit widmete er der wissenschaftlichen Begründung der communistischen Theorie; er entwickelte dabei einen so bienenhaften Fleiß und eine so seltene Energie der Denkkraft, daß dieser seiner Thätigkeit auch die abgesagtesten Gegner ihrer Resultate aufrichtigen Respect nicht versagen können. 1859 erschien in Berlin bei Franz Duncker das Werk „Zur Kritik der politischen Oekonomie," welches

Lassalle das beste wissenschaftliche Rüstzeug seiner Arbeiteragitation geliefert hat. Allerdings hatte es Marx nicht für diesen Zweck veröffentlicht. Es ist bereits hervorgehoben worden, daß er dem Beginnen seines jüngeren Freundes feindselig und mißtrauisch zusah, und es braucht nicht erst ausführlich dargelegt zu werden, weshalb ihm die Bewegung, wie sie Lassalle einleitete, ihrem ganzen Wesen nach in tiefster Seele zuwider sein mußte.

Es war denn auch keineswegs der Tod Lassalles, wenigstens nicht direct, welcher Marx aus der einsamen Stille seines Arbeitszimmers in das laute Getümmel des politischen Marktes rief. Der Anstoß dazu kam überhaupt nicht von deutscher Seite. Napoleon III. hatte 1862 eine Anzahl französischer Arbeiter auf Staatskosten zur londoner Weltausstellung geschickt; dort hatten dieselben in üblicher Weise mit englischen Arbeitern fraternisirt, und man hatte sich namentlich in der Phrase gefallen, daß die Interessen der Arbeiter aller Länder identisch seien. Vorläufig blieb die Phrase, was sie war und die Franzosen kehrten ruhig in ihre Heimat zurück. Kurze Zeit darauf brach der polnische Aufstand aus, und es ist bekannt, daß in England wie in Frankreich Declamationen und Demonstrationen zu Gunsten der unglücklichen Nation an der Tagesordnung waren. Namentlich die Arbeiter beider Länder ergaben sich mit Leidenschaft diesem eben so edelmüthigen, wie unfruchtbaren Beginnen; behufs besseren Zusammenwirkens wurden die alten Beziehungen von der Weltausstellung wieder angeknüpft; von hüben und drüben gingen Arbeiterdeputationen über den Canal. Möglich, wie von mancher Seite behauptet worden ist, daß Napoleon dies Treiben begünstigte, um einen Druck auf die englische Regierung auszuüben. Man begnügte sich wieder nicht mit dem nächstliegenden Zweck, sondern kam von Neuem auf die internationale Solidarität der Arbeiterinteressen zurück. Schließlich entschieden sich die londoner Arbeiter, eine Deputation an Lord Palmerston zu schicken, mit der Bitte um englische Intervention in Polen; sie forderten ihre pariser Gesinnungsgenossen zu gemeinsamem Wirken auf. Es kam denn auch eine französische Arbeiterdeputation nach London, zu deren Empfang eine große Versammlung von Arbeitern aller Nationen am 28. September 1864 in St. Martins Hall stattfand. Professor Beesley präsidirte; unter den Anwesenden befanden sich Major Wolff, der Privatsecretär Mazzinis, und Karl Marx.

Dies Meeting hat in der polnischen Sache keinen irgend nennens-werthen Erfolg erzielt, aber es hat sich doch ein unveräußerliches Anrecht auf einen Platz in der Geschichte erworben, denn es wurde die Geburtsstätte der „Internationalen Arbeiterassociation." Man gerieth bald wieder von dem eigentlichen Thema auf die allgemeinen Klagen über die üble Lage der Handarbeiter in allen europäischen Culturländern und setzte endlich einen provisorischen Centralrath nieder mit dem Auftrage, das Programm (die Inauguraladresse) und die provisorischen Statuten eines allgemeinen Arbeitervereins auszu-arbeiten und demnächst einen internationalen Congreß zu berufen, dem Beides zur definitiven Genehmigung vorzulegen sei. In diesen Ausschuß wurde eine Reihe von englischen Arbeitern gewählt, unter denen der bekannte Odger der namhafteste war; ferner die Franzosen Le Lubez und Bosquet; die Italiener Wolff und Llama; der Pole Holthorp; der Schweizer Rusperli; endlich die Deutschen Marx und Eccarius. Unter diesen Männern war weitaus der Bedeutendste Karl Marx, und er stand nunmehr vor einer Aufgabe, wie sie für den Ehrgeiz eines Mannes, der sein Leben der Sache der Handarbeiter gewidmet hatte, nicht lockender gedacht werden konnte.

Vorerst freilich hatte er eine gefährliche Concurrenz zu besiegen. Der Ausschuß constituirte sich als Generalrath und bestimmte, daß der Präsident, Schatzmeister und Generalsecretär Engländer sein und jede Nation durch einen correspondirenden Secretär vertreten sein solle. Präsident wurde Odger, zu correspondirenden Secretären wählte man u. A. Major Wolff für Italien und Karl Marx für Deutschland. Als es nun aber zur Berathung der Principien kam, verlangten die italienischen Mitglieder des Generalraths als begeisterte Anhänger Mazzinis, der damals namentlich seit dem Triumphzuge Garibaldis einer großen Popularität auch unter den englischen Arbeitern genoß, daß dieser große Agitator Inauguraladresse und Statuten ausarbeiten, das heißt mit anderen Worten das geistige Oberhaupt des neuen Bundes werden solle. Sie setzten auch ihren Willen durch. Mazzini legte seine Entwürfe vor, aber er ist bekannt-lich niemals Socialist gewesen; so beschränkte sich sein Programm fast nur auf politische Fragen und eiferte namentlich gegen den Klassen-kampf, während seine Statuten in der streng centralistischen Weise geheimer Gesellschaften abgefaßt waren, wie sie dem alten Verschwörer am nächsten lag und am gewohntesten war. Beides paßte dem General-

4

rath gleich wenig; Mazzini zog sich zürnend zurück und Karl Marx hatte gewonnenes Spiel. Seine Inauguraladresse mit dem Schluß= wort von 1847: „Proletarier aller Länder, vereinigt Euch!" und seine Statuten wurden nunmehr einstimmig angenommen und erhielten 1866 auf dem Congresse zu Genf endgültige Bestätigung.

Der geistige Inhalt dieser weitschichtigen Actenstücke, der im Wesentlichen für die socialistische Propaganda diesseits und jenseits des atlantischen Oceans maßgebend geworden ist, läßt sich etwa in folgenden Sätzen zusammenfassen: Die Emancipation der Arbeiter= klasse muß durch die Arbeiterklasse selbst erobert werden; der Kampf für sie ist kein Kampf für neue Klassenvorrechte, sondern für die Vernichtung aller Klassenherrschaft. Die ökonomische Unterwerfung des Arbeiters unter den Aneigner der Arbeitsmittel, d. h. der Quellen des Lebens, liegt der Knechtschaft in allen ihren Formen zu Grunde, dem socialen Elend, der geistigen Verkümmerung und der politischen Abhängigkeit. Die ökonomische Emancipation der Arbeiterklasse ist daher das große Ziel, dem jede politische Bewegung als Mittel dienen muß. Alle nach diesem Ziele strebenden Versuche sind bisher geschei= tert aus Mangel an Einigung unter den verschiedenen Arbeitszweigen jedes Landes und unter den Arbeiterklassen der verschiedenen Länder. Die Emancipation der Arbeiter ist weder eine locale, noch eine nationale, sondern eine gesellschaftliche Aufgabe; sie umfaßt alle Länder, in denen die moderne Gesellschaft besteht; sie kann nur gelöst werden durch das planmäßige Zusammenwirken der Arbeiter aller dieser Länder.

Es war nothwendig, diese Vorgänge etwas ausführlicher zu schildern, weil sie den allerwesentlichsten Rückschlag auf die Entwick= lung der deutschen Socialdemokratie gehabt haben; die Geschichte der internationalen Arbeiterassociation in ihren einzelnen Verzweigungen zu verfolgen, ist selbstverständlich hier nicht der Ort; so weit ihre Entwicklung mit der deutschen Bewegung untrennbar verknüpft ist, wird weiterhin davon zu sprechen sein. Im Allgemeinen dürfte es heute auch noch selbst dem kundigsten Beobachter der Zeitereignisse schwer werden, die historische Bedeutung des großen Bundes in halb= wegs sicheren Zügen zu zeichnen. Rudolf Meyer, der in seinem „Emancipationskampf des vierten Standes" grade die unaufhörlich wechselnden Geschicke der Internationalen mit großem Fleiße und vieler Umsicht klarzustellen gesucht hat, kommt doch zu einem ganz falschen Resultate, wenn er von „der wirklich einzig dastehenden

Großartigkeit dieses Geheimbundes" spricht. Freilich ist diese ja auch sonst weit verbreitete Ueberschätzung leicht zu erklären. Wenn sich eine geistige Strömung vor unseren Augen vollzieht, deren Ziel und Tragweite sich vorläufig nicht absehen läßt, dann suchen wir gern nach einem ruhenden Pol in der Erscheinungen Flucht, nach irgend einer Form, nach irgend einem Symbol, nach einem Grabmesser gleichsam, um das Steigen und Wachsen der Flut zu erkennen, und wir sind dann nur zu sehr geneigt, die Form für die Sache, das Symbol für das Wesen zu nehmen, das Thermometer für das Wetter verantwortlich zu machen. Was ist beispielsweise nicht Alles auf das Conto der Freimaurerei gebucht worden und wird noch gebucht! Aehnlich steht es mit der Internationalen. Sie ist bedeutend und einflußreich geworden durch die bloße Thatsache ihrer Existenz, dadurch, daß sie wie ein weitleuchtendes Hoffnungszeichen aufflammte und den Arbeiterbestrebungen in den verschiedensten Ländern einen ideellen Mittelpunkt gab, durch die Mittel der geistigen Propaganda, welche ihre Führer, vor Allem Karl Marx, aufzuwenden hatten. Aber als Bund, als praktische, für den augenblicklichen Kampf berechnete Orga= nisation hat sie — von ihrer heutigen Verfassung ganz zu geschweigen — auch früher schwerlich kaum nennenswerthe Erfolge aufzuweisen gehabt.

Man muß vor Allem die officiellen Berichte des Generalraths mit der gehörigen Kritik lesen. Wenn man, wie Herr Meyer, arglos nachdruckt, daß die Internationale schon in dem Verwaltungsjahre 1866—67 70,000 Lstrl. allein zur Unterstützung Strikender in Amerika verwandt hat, ja, dann kann man freilich zu gar seltsamen Schlüssen kommen. Herr Meyer scheint nicht den köstlichen Brief von Marx an Bracke zu kennen — er ist vom 24. März 1870 datirt und findet sich in den Acten des leipziger Hochverrathsprocesses —, in welchem der große Häuptling schreibt: „Ich bitte Sie, zu erwägen, daß der Bericht rc. (über den Stand der Bewegung in Deutschland) nicht für das Publikum geschrieben ist und daher die Thatsachen ohne Schminke, ganz sachgetreu darzulegen hat." Dies „daher" ist famos. Und unmittelbar nach diesem Satze heißt es weiter: „Aus dem letzten Briefe von Bonhorst weiß ich, daß die Finanzen der „Eisenacher" schlecht stehen. Zum Trost die Mittheilung, daß die Finanzen des Generalraths unter dem Nullpunkt sind, beständig wachsende, negative Größen." Das ist in der höchsten Blüthezeit der Internationalen geschrieben am Vorabende der Commune. Was übrigens diesen

4*

Aufstand anbetrifft, so hat er ja leider noch keinen halbwegs zuverlässigen und unparteiischen Geschichtsschreiber gefunden, aber so viel steht doch jetzt schon actenmäßig fest, daß er in seinem Ursprunge keineswegs eine Machenschaft der Internationalen, sondern ein Kampf für die Decentralisation eines bis zum Ersticken zusammengeschnürten Staatsorganismus, ein Kampf, wie es Fürst Bismarck einmal im Reichstage mit einem bezeichnenden Paradoxon ausdrückte, für die preußische Städteordnung war. Später sind allerdings Mitglieder der Internationalen in der Commune zahlreich vertreten, wenn auch niemals in der Mehrheit gewesen; es war ein Zug berechnender Schlauheit, daß Karl Marx die ganze historische Verantwortlichkeit für die Commune auf seine und seines Bundes Schultern nahm, als der erste Sturm des europäischen Zornes sie ihnen auflastete. In wie weit bei den spanischen Putschen die Hände der Internationalen thätig gewesen sind, bleibe dahingestellt; jedenfalls ist auch hier unsäglich viel gelogen und übertrieben worden; ein Hauptschürer war beispielsweise der damals schon gänzlich mit der Internationalen zerfallene Bakunin.

Wie aber immer sich dies Verhältniß für die übrigen Länder Europas gestalten mag, so viel ist heute schon mit aller Sicherheit zu constatiren, daß die Wirksamkeit der Internationalen als einer agitatorisch und praktisch thätigen Organisation in Deutschland gleich Null zu erachten ist. Dies wenigstens haben die unglücklichen Processe in Braunschweig und Leipzig mit überzeugender Evidenz ergeben. Von den Führern abgesehen, sind die deutschen Socialdemokraten nur zu einem verschwindenden Procentsatze Mitglieder der Internationalen gewesen; auch die Herabsetzung der jährlichen Steuer von 10 auf 1 Sgr. hat daran nichts ändern können. Wer in den socialistischen Blättern verfolgt hat, wie schwer die verhältnißmäßig geringen Beiträge selbst nur für die nationalen Organisationen beizutreiben sind, der wird auch nichts Verwunderliches darin finden, wenn die Arbeiter nicht einmal Pfennige für die Mitgliedschaft eines internationalen Bundes übrig haben, dessen Wesen und Zwecke ihnen doch mehr oder minder im Phrasennebel verschwinden. Es liegt mir die officielle Mitgliederliste des Haager Congresses von 1872 vor, des wichtigsten fast, den die Internationale je gehabt hat, des einzigen jedenfalls, dem Karl Marx selbst beiwohnte. Unter den 65 Namen der Deputirten finden sich 25 deutsche. Wenn man sie prüfend durchmustert, wird man recht lebhaft des Humbugs inne, der von Freunden und

Gegnern mit dem Schreckgespenste der Internationalen getrieben
worden ist. Da ist Vertreter der Section Berlin der Typograph Milke,
einer der bescheidensten, stillsten, unbedeutendsten Menschen, welche je
selbst im berliner Vereinsleben aufgetaucht sind; da ist Vertreter der
Section New=York ein blutjunger Knabe aus Schmiegel in Posen,
jener Adolf Hepner, der im leipziger Hochverrathsprocesse eine so
unglaublich lächerliche Rolle spielte; da ist endlich Vertreter von
Zürich ein berliner Localreporter, der sich Gott weiß wie ein Mandat
verschafft hatte und mit dem rücksichtslosen Fanatismus semitischen
Erwerbssinnes die innersten Eingeweide der internationalen Zukunfts=
republik auf den profanen Markt der Feudal= und Bourgeoispresse
von der „Kreuzzeitung" bis zur „Vossischen Zeitung" schleppte. Da
hört doch die letzte Spur von ernsthaftem Wesen auf.

Wenn aber einerseits die organisirende Wirksamkeit der Inter=
nationalen in Deutschland vielleicht geringer gewesen ist als sonst
überall, so hat andererseits gewiß ihr vorhin charakterisirter geistiger
Einfluß, die bloße Thatsache ihrer Existenz, die ideelle Propaganda,
die von ihr ausging, auf die deutsche Socialdemokratie eingreifender
und umgestaltender gewirkt, als auf irgend eine andere nationale
Arbeiterpartei. Uns Deutschen allzumal steckt nun einmal die unaus=
rottbare Neigung zum Generalisiren, Theoretisiren, zur möglichst prin=
cipiellen, philosophischen, tiefsinnigen Auffassung aller Dinge im Blute,
und was wollte das bescheidene Programm Lassalles besagen gegen
die paradiesischen Zukunftsbilder der Internationalen! Dazu kam, daß
das geistige Haupt des Generalraths ein geborener Deutscher war und
in dem neben Schweizer bedeutendsten Mitgliede des allgemeinen
deutschen Arbeitervereins, in Wilhelm Liebknecht, einen enthusiastischen
Anhänger und Jünger hatte. So war der unversöhnliche Zwiespalt
in der mühsam von Lassalle geschaffenen Organisation von selbst da,
und wenn der Theil der Geschichte der deutschen Socialdemokratie,
der hier noch zu schildern ist, von dem Tode Lassalles bis zum gothaer
Vereinigungscongresse mit einem Worte charakterisirt werden soll, so
stellen sich diese inneren Zwiste eines Jahrzehnts, in wie wechselnde
Phasen sie immer treten, doch im Großen und Ganzen dar als der
langwierige Kampf und der endliche Sieg der Tendenzen des inter=
nationalen Communisten Marx gegen und über die Traditionen des
nationalen Socialisten Lassalle.

VI.

Es war ein schwerer Mißgriff Laffalles, Bernhard Becker testamentarisch zu seinem Nachfolger im Präsidium des allgemeinen deutschen Arbeitervereins vorzuschlagen. Freilich war dieser Mißgriff halbwegs durch den Zwang der Umstände entschuldigt. Liebknecht bot nicht nur keine Garantie, daß er die Bewegung im Sinne ihres Urhebers fortführen, es war vielmehr außer Zweifel, daß er sofort den Verein decentralisiren werde; sprach er doch gegen Laffalle selbst seine Ansicht über diesen Punkt kurz und bündig in den Worten aus: „In ruhigen Zeiten ist ein Dictator eine komische Person; in revolutionären Tagen schießt man ihm eine Kugel vor den Kopf." Schweitzer dagegen war einerseits vorläufig unmöglich wegen des Hasses und Mißtrauens, mit welchen ihn noch viele Mitglieder betrachteten, anderseits scheute sich Laffalle, ihn als seinen Erben zu proclamiren wegen des gesellschaftlichen Verrufs, in den Schweitzer durch ein skandalöses Abenteuer im Schloßgarten zu Mannheim gekommen war. So war freilich die Auswahl sehr beschränkt, und wenn einmal jene Beiden ausgeschlossen waren, dann konnte es allerdings nur eine Frage von untergeordnetem Interesse sein, ob nun dieser oder jener von den Größen dritten Ranges die Leitung des Vereins anheimfiel.

Je mehr sich aller Einfluß und alle Macht in dem Präsidium concentrirte, um so nothwendiger mußte der Inhaber dieses Amts ein Mann von energischem Willen und geistiger Ueberlegenheit sein. Becker fehlte es an Beidem; nur nach mancherlei Hin und Her gelang es ihm, überhaupt seine Wahl durchzusetzen. Er war einer jener gesellschaftlich harmlosen, aber politisch fürchterlichen Menschen, die, wenn sie einige „Principien" capirt zu haben glauben, mit diesen eingelernten Zauberformeln alle Menschen= und Welträthsel zu lösen sich vermessen. Ein Cato im unendlich Kleinen, kleinlich, nachtragend, verbissen, von jener bornirten Ehrenhaftigkeit, welche an dem Führer einer aufstrebenden Partei die mißlichste aller Tugenden ist. Kaum war er im Sattel, als er es für seine vornehmste Amts= handlung erachtete, sich mit der Gräfin Hatzfeldt zu überwerfen. Das spricht für ihn persönlich, aber politisch war es eine unglaubliche Thorheit. Wie unheilvoll die Gräfin auf Laffalles Entschlüsse ge= wirkt hatte, nach seinem Tode war ihr Beistand dem Vereine nahezu unentbehrlich. Sie war eine Frau nicht ohne Geist und Wissen; trotz ihres emancipirten Lebens besaß sie noch manche Verbindungen in aristokratischen Kreisen und vor Allem verfügte sie über große Geldmittel. Natürlich war ihr, wie allen Frauen, die Politik nur Herzenssache; sie hatte Lassalle geliebt und wollte sein Andenken in der letzten, so viel angefochtenen Schöpfung seines Lebens zu Ehren bringen. Gewiß mochten ihre tyrannischen Weiberlaunen oft unbequem, bisweilen unerträglich werden, aber ein Mann von Bildung und Tact hätte diese brennende Fackel so gehandhabt, daß sie nur leuchten, aber nicht zünden konnte, während Becker mit Lanze und Schwert gegen die ihn geistig überragende Frau anrannte. Natürlich benahmen Liebknecht und Schweitzer sich geschickter; sie standen noch in intimem Verkehr mit der Gräfin, als die Fehde zwischen ihr und dem Vereinspräsidenten schon lichterloh brannte. Liebknecht arbeitete mit ihr gemeinsam — Bucher und Marx hatten die heikle Aufgabe aus guten Gründen abgelehnt — ein Werk über die letzten Wochen Lassalles aus; es ist nur in vereinzelten Exemplaren in die Oeffentlichkeit gedrungen. Auf die Dauer erwies sich eine vermittelnde Stellung freilich als unmöglich, und nachdem der Zwist einmal unversöhnlich geworden war, blieb allen besseren und klügeren Elementen des Vereins nichts Anderes übrig, als auf die Seite des Präsidenten zu treten.

Selbstverständlich wirkte der Hader innerhalb des Generalstabes lähmend und zersetzend auf die Entwicklung der Partei. Lärm und Streit aller Orten; überall rapider Rückgang. Man wußte nichts Besseres, als sich mit den jämmerlichsten Beschuldigungen zu verfolgen, und Keiner sah den dunkeln Schatten, der von London her über das Werk Lassalles fiel. Noch ging die erste Generalversammlung, die in den letzten Tagen von 1864 zu Düsseldorf stattfand, verhältnißmäßig ruhig vorüber; die Bestrebungen der Gräfin Hatzfeldt, Becker zu stürzen, blieben vorläufig erfolglos. Am 1. Januar 1865 erschien der von Lassalle getroffenen Anordnung gemäß der „Socialdemokrat", das neue Vereinsorgan; Herr v. Schweitzer gab den Geist, Herr v. Hofstetten das Geld. Karl Marx, der sich zu Lebzeiten Lassalles um die ganze Bewegung nicht gekümmert hatte, zeigte nun freundliches Entgegenkommen; an der Spitze der ersten Nummer des „Socialdemokrat" prangte sein Name als der eines Mitarbeiters; mit ihm theilten sich in diese Ehre Engels, Liebknecht, Herwegh,

Rüstow, Wuttke und noch einige Andere. Man sieht, eine etwas gemischte Gesellschaft; was sie einte, war die insipideste aller politischen Leidenschaften unserer Zeit, ein eingefleischter Preußenhaß. Sobald dies edle Gefühl in seiner jungfräulichen Reinheit getrübt wurde, stoben sie nach allen Richtungen der Windrose auseinander. Und diese Gelegenheit fand sich nur zu bald. Bereits im Februar 1865 veröffentlichte Herr v. Schweitzer im Vereinsorgane fünf Leitartikel unter dem Titel: „Das Ministerium Bismarck," welche ein so hervorragendes, publicistisches Talent und einen politischen Blick von solcher Schärfe bezeugen, daß sie heute noch viel Interesse darbieten. Ihre Tendenz ist etwa aus den Schlußworten erkennbar, in welchen der Verfasser seine Entwicklung dahin resumirt: „Dies also ist unser wichtiges Resultat. Der Bundestag, Oesterreich, die Mittel- und Kleinstaaten sind schlechthin ohnmächtig der deutschen Frage gegenüber — im Guten wie im Schlimmen. Actionsfähig in Deutschland sind nur noch zwei Factoren: Preußen und die Nation. Preußische Bajonette oder deutsche Proletarierfäuste, wir sehen kein Drittes." Man mag ermessen, wie dies Sprenggeschoß unter den geistigen Protectoren des Blattes explodirte; Mann für Mann sagten sie sich in feierlichen Erklärungen von dem ungerathenen Kinde los. Von Stund' an war Schweitzer ein „Lump", ein „Verräther", ein „Regierungssocialist", d. h., um diese anmuthigen Titel aus dem Communistischen ins Deutsche zu übersetzen, der erste Versuch des internationalen Communismus, sich der Lassalleschen Bewegung zu bemeistern, war kläglich gescheitert. Liebknecht, als der einzige jener Pathen des „Socialdemokrat", der in Berlin wohnte, versuchte noch einige Putsche, aber ohne jeden Erfolg. Schweitzer konnte sich mit vollem Rechte darauf berufen, daß er durchaus im Geiste und Sinne Lassalles geschrieben habe, und der Präsident durfte ihn nicht desavouiren. Becker hat sich später, als er zu den Internationalen übergetreten war, damit entschuldigt, daß er wider bessere Ueberzeugung den einseitigen Lassallekultus gepflegt habe, weil nur auf diese Weise der in allen Fugen krachende Verein nothdürftig habe am Leben erhalten werden können. Wie dem immer sei, damals stand er ganz auf Schweitzers Seite und richtete an Marx die freundliche Aufforderung, er „solle sich mit seinen internationalen Associationen einbalsamiren und als toll gewordener Hering in den Schornstein hängen lassen." Worauf Liebknecht wuthentbrannt in der berliner

Gemeinde den Antrag stellte, sie „solle Becker als Lügner, infamen Verleumder und hoffnungslos unheilbaren Idioten aus dem Verein auszuschließen." In diese holden Wechselgesänge griff die rauhe Hand der berliner Polizei störend ein; im Sommer 1865 wurde Liebknecht, übrigens auf völlig nichtige Vorwände hin, aus Berlin ausgewiesen und ging nach Leipzig.

Bei dieser Entwicklung der Dinge und bei der monarchischen Organisation des Vereins hätte es nun wohl die einfachste Logik erheischt, daß die Zügel der Partei endlich in die Hände Schweitzers gelegt wurden, der alle seine Genossen um Haupteslänge überragte. Indessen die Verwirrung war schon zu groß, als daß sich auch nur die Parteilogik ohne Weiteres hätte geltend machen können. Seitdem sich Schweitzer von der Gräfin Hatzfeldt losgesagt hatte, intriguirte und wühlte sie gegen ihn nicht minder, als gegen Becker; obendrein fürchtete sie in ihm den überlegenen Kopf. Sie hatte noch immer großen Anhang in dem Vereine; das Andenken Lassalles war ihr eben so eine moralische, wie ihr großes Vermögen eine materielle Stütze. Dazu kam, daß Schweitzer als Redacteur des „Socialdemokrat" mehrfach längere Gefängnißstrafen verwirkte und ganz vom Schauplatze der Ereignisse verschwand; sein Collega Hofstetten, den die Lectüre schlechter Romane und ein gewisses Talent, gereimte Toaste auszubringen, sehr zur Unzeit aus dem wohlthätigen Dunkel eines bairischen Garnisonstädtchens auf die Bühne der Zeitgeschichte gelockt hatte, konnte ihn nicht ersetzen. Alle diese Umstände wirkten zusammen, daß, als es der Gräfin endlich gelang, auf der zweiten Generalversammlung, die Ende 1865 in Frankfurt a. M. tagte, Becker zu stürzen, nicht Schweitzer, sondern Tölcke aus Iserlohn zum Präsidenten gewählt wurde. Tölcke ist später durch eine parlamentarische Neuerung sehr bekannt geworden; er pflegte den berliner Volksversammlungen statt mit einer Klingel, mit einem wuchtigen Knüppel zu präsidiren. Indeß wenn er in Folge dieses allerdings eigenthümlichen Privatvergnügens gewissermaßen als Typus der rohesten und ungebildetsten Elemente der Partei gilt, so geschieht ihm entschiedenes Unrecht. Er verfügt über ein beträchtliches Quantum gesunden Menschenverstandes, dazu über eine starke Ader volksthümlichen Humors, und er meint es in seiner Art durchaus ehrlich mit seinen Bestrebungen. Obgleich ihm als früheren Bureauvorsteher eines Rechtsanwalts und jetzigen „Volksanwalte" die Feder vertrauter ist als manchem Handwerker, der augenblicklich die Interessen der Partei schriftstellerisch vertritt, hält er sich möglichst frei von dem banalen Ehrgeize der „Führer"; es ist bezeichnend, daß, während beispielsweise der Buchbinder Most in unzähligen Bandwurmartikeln Gott und die Welt zu verarbeiten pflegt, Tölckes literarische That eine Broschüre ist, welche praktische Fingerzeige für das Agitiren giebt. Sein Blick bleibt nach Möglichkeit auf das Ganze gerichtet, und seinen Bemühungen ist namentlich das Zustandekommen des gothaer Vereinigungscongresses zu danken. Der Aufgabe, vor welche ihn jene frankfurter Generalversammlung stellte, war er allerdings nicht gewachsen. Dazu war der Verein schon in zu große Verwirrung gerathen; zudem ließ er sich von dem entlegenen Iserlohn aus um so weniger einrenken, als Schweitzer während des Tölckeschen Präsidiums eine halbjährige Gefängnißhaft zu verbüßen hatte. Tölcke hat sein Möglichstes gethan; namentlich war er ein abgesagter Gegner des internationalen Schwindels, und Vahlteich hat ihm gelegentlich, sprachlos vor Zorn, das Verbrechen vorgehalten, daß er mit Rücksicht auf die bevorstehende Verleihung des allgemeinen Stimmrechts in einer rheinischen Versammlung ein Hoch auf den König von Preußen ausgebracht habe. Natürlich war Tölcke am wenigsten der Mann, sich am Schürzenbande der Gräfin Hatzfeldt gängeln zu lassen; sie bekämpfte ihn bald eben so wüthend, wie seinen Vorgänger und behandelte ihn namentlich als Usurpator, weil er zwar nicht gegen den Wortlaut, aber ihrer Ansicht nach gegen den Geist der Vereinsstatuten durch die Generalversammlung, statt durch Urabstimmung aller Mitglieder zum Präsidenten gewählt worden war. Des Spektakels müde und satt, legte Tölcke schon nach einem halben Jahre im Sommer 1866 auf der dritten Generalversammlung zu Leipzig das Präsidium nieder und der Hamburger Perl — Schweitzer war noch im Gefängniß — wurde an seine Stelle gewählt.

Damit hatte der Verein glücklich die tiefste Stufe seiner Erniedrigung erreicht. Perl war derjenige Bevollmächtigte gewesen, welcher Lassalle die bittersten Stunden gemacht hatte; er litt an der fixen Idee, durch „Freiwilligenchöre" nicht nur die sociale, sondern so ziemlich alle europäischen Fragen lösen zu wollen. Glücklicherweise war der Verein schon viel zu desorganisirt, als daß der Versuch hätte gewagt werden können, die Probe auf das Exempel zu machen. Perl war ein Hauptconfusionarius, wie er in der Geschichte der

Partei kaum zum zweiten Male auftritt, wenigstens nicht an so hervor-
ragender Stelle, und es kann gar kein glänzenderes Zeugniß für die
Energie und das Geschick Lassalles geben, als daß der Verein auch
diese Prüfung glücklich, wenn auch wesentlich nur durch die Gunst
der Zeitumstände überstand. Natürlich war Perl, wie alle Querköpfe,
eigensinnig bis zum Exceß; Lassalle hatte noch mit Mühe seinen
ungestümen Thatendrang gebändigt, aber mit einem Weibe die
Herrschaft zu theilen, ertrug sein Selbstgefühl nicht. Die Gräfin
Hatzfeldt war endlich des grausamen Spieles müde; sie hatte einen
Präsidenten nach dem andern gestürzt und jeder war ihr gleich
unwillfährig geblieben. So brach sie denn Ende 1866 auf der
vierten Generalversammlung zu Erfurt mit der Partei und gründete
bald darauf mit gleichem Programm und Statut einen neuen Verein.
Es sei von vornherein bemerkt, daß die Geschichte dieser weiblichen
Linie hier nur so weit berührt werden wird, als sie unlöslich mit
der Entwicklung der anderen Fractionen verflochten ist. Im Allgemeinen
ist sie ein unerträgliches Wirrsal von Dummheit und Gemeinheit,
wohl der ekelhafteste Bodensatz der politischen Zeitgeschichte, unfähig
menschlicher Darstellung, es sei denn, daß sie ein Capitel in einem
psychiatrischen Werke fände. Aus dem sinnlosen Treiben treten nur
zwei Gestalten mit etwas markirteren Zügen hervor, Försterling und
Mende, Jener weitaus die dümmste, Dieser weitaus die widerwärtigste
Gestalt, welche die deutsche Socialdemokratie hervorgebracht hat;
leider gelangten Beide in den Reichstag, so daß sie sich hinfort nicht
völlig ignoriren lassen werden.

Perls Präsidium überdauerte noch die erfurter Generalversammlung.
Ja, es brach noch unter ihm die Morgenröthe einer besseren Zeit
für den Verein an. Es bewährte sich die alte Erfahrung, daß, nachdem
ein genialer Mann mit rüstigen Armen vergebens gegen den Strom
der Zeit ankämpfte, die Wellen desselben Stromes oft spielend wie
Kork eine geistige Null auf willigem Rücken dahin tragen. Innere
Staatsumwälzungen, gleichviel welcher Art, treiben immer direct
oder indirect Wasser auf die Mühle revolutionärer Parteien; der
Krieg von 1866, die große Karte, auf welche Lassalle seine letzten
Hoffnungen gesetzt hatte, brachte in der That neues Leben in die
Reihen des Vereins; er rettete ihn vermuthlich vor gänzlichem
Untergange. Kurz vor Ausbruch des Kampfes unternahm Schweitzer
nach seiner Entlassung aus dem Gefängnisse eine große Agitations-

reise durch ganz Deutschland mit bedeutendem Erfolge; er warnte die Arbeiter vor der „Freiheit" des Bundestages und des großdeutschen Particularismus und trat für das historische Recht Preußens ein; selbstverständlich wurde diese verständige Haltung für seine internationalen Gegner ein neuer Beweis seines „Lumpenthums" und „Verraths." Im Innern des Vereins war mit der Entfernung der Gräfin und ihres nächsten Anhangs der Hauptherd der Zwietracht zertreten; in den einzelnen Gemeinden flackerten die localen Zwistigkeiten, welche all' die Jahre über in unabsehbarer Wirrniß getobt hatten, noch fort, aber der beste Nahrungsstoff war ihnen doch entzogen. Die Unfähigkeit des Präsidenten wurde einigermaßen paralysirt durch die geschickte Leitung des Vereinsorgans, das als letzte Klammer die äußere Organisation aufrecht erhielt. Die Zahl seiner Abonnenten war trotz alledem in dieser Zeit von 400 auf 4000 gestiegen. Ja, schließlich erwies sich die übergroße Unfähigkeit Perls in gewisser Hinsicht als ein Segen für die Partei. Sie stellte die geistige Ueberlegenheit Schweitzers ins hellste Licht und machte es auch dem blödesten Auge klar, daß in der Führerschaft dieses Mannes, so wie der Verein nun einmal war, die letzte Chance der Rettung lag.

Viel folgenreicher noch als alles dies erwies sich natürlich die Verleihung des allgemeinen Stimmrechts. Damit war der erste, ja nach dem Wortlaute des Statuts sogar der einzige Zweck des Vereins erreicht. Ueberschwängliche Hoffnungen knüpften sich an dies Universalheilmittel aller socialen Leiden; sie erfüllten sich nicht, aber sie spornten den Eifer mächtig an und machten gewaltige Propaganda. Schon bei der ersten Probe des neuen Wahlsystems konnte der Verein seinen Gegnern eine rangirte Schlacht anbieten. Anfangs 1867 bei den Wahlen zum constituirenden Reichstage des Norddeutschen Bundes candidirte Schweitzer — es ist bezeichnend, daß ihm trotz des nominellen Präsidiums Perls der einzige Wahlkreis zufiel, der Aussicht auf Sieg bot — in Elberfeld=Barmen gegen den Grafen Bismarck und Herrn v. Forckenbeck, die Candidaten der Conservativen und Liberalen. Es entspann sich bekanntlich ein sehr heißer und interessanter Wahlkampf. Der erste Gang blieb unentschieden; Graf Bismarck hatte 6523, Forckenbeck 6123, Schweitzer 4668 Stimmen. Bei der engeren Wahl entschieden die socialdemokratischen Stimmen für den Candidaten der conservativen Partei. Was Schweitzer zu dieser unklaren Haltung bestimmte, ist nicht leicht zu sagen, gleichviel, ob man ihn für einen

Regierungsagenten oder für einen ehrlichen Parteimann hält. In ersterem Falle beging er eine kolossale Dummheit; in letzterem trat er die einfachsten Regeln politischer Taktik mit Füßen. Er selbst sagte in einer Ansprache an seine Wähler: „Bei dieser engeren Wahl, in welcher es galt, zwischen dem preußischen Ministerpräsidenten und dem Präsidenten des preußischen Abgeordnetenhauses zu entscheiden, ist durch Eure Stimmen der Graf v. Bismarck als Sieger aus der Wahlurne hervorgegangen. Vielleicht, Arbeiter, war Eure Abstimmung eine Huldigung, nicht zwar für den Candidaten der conservativen Partei, wohl aber für den Minister, der aus eigenem Antriebe ein Volksrecht Euch zurückgegeben, welches die liberale Opposition für Euch zu fordern so hartnäckig vergessen hatte." Das ist jene Theorie der „Bosheit," die Schweitzer später im Reichstage öffentlich proclamirte; zur Erklärung einer ernsthaften Wahltaktik reichen derartige politische Bonmots natürlich nicht aus. Uebrigens lehnte Graf Bismarck zu Gunsten eines anderen Wahlkreises das Elberfelder Mandat ab; bei der Ersatzwahl standen sich Gneist und Schweitzer gegenüber; die Stimmen für Letzteren waren auf nahe an 8000 gestiegen, Gneist siegte nur mit einer winzigen Majorität.

So hing der Verein in schwebender Pein. Hier bemerkenswerthe Erfolge und größere Hoffnungen, dort die nahezu gänzliche Auflösung der äußeren Organisation und eine völlige Zerrüttung der Finanzen. So konnten die Dinge in keinem Falle bleiben. In zwölfter Stunde siegte der Trieb der Selbsterhaltung über allen inneren Haber und alle querköpfigen Schrullen; auf der fünften Generalversammlung, die Mitte Mai 1867 in Braunschweig tagte, erzwang die Gewalt der Umstände, was die Einsicht der Mitglieder schon vor drei Jahren hätte freiwillig thun sollen: Schweitzer wurde einstimmig zum Präsidenten des Vereins gewählt. Die erste Amtshandlung des neuen Dictators war, daß er die bezügliche Bestimmung der Statuten im Sinne der Gräfin Hatzfeldt dahin interpretiren ließ, nicht durch die General=versammlung, sondern durch Urabstimmung aller Mitglieder sei der Präsident alljährlich zu wählen; er wußte aus den bitteren Erfahrungen dreier Jahre, daß der gesunde Verstand der Masse für kluge Leute ein berechen= und lenkbarer Factor sei, während alle Energie und alle Intelligenz machtlos zerschellen müßten an dem bornirten Eigensinn und den schiefen Gedankengängen der halbgebildeten „Führer."

Damit war die Zeit der Diadochen vorüber. Der moderne Alexander, der ausgezogen war, eine neue Welt des Glücks zu erobern, hatte endlich in dem Würdigsten seinen Nachfolger erhalten.

VII.

Herr v. Schweitzer hat vier Jahre lang an der Spitze des allgemeinen deutschen Arbeitervereins gestanden. Er war ein sehr begabter, kenntnißreicher Mann, einer der wenigen Süddeutschen, welche sich ganz und gar in das berliner Leben, in das preußische Wesen zu finden gewußt haben. Keine eigentlich productive Natur; in der Theorie ist er über Lassalle und Marx mit keinem Gedanken hinausgekommen. Aber als Parteiführer im engeren Sinne hatte er Einiges vor Beiden voraus; ein besonnener, positiver Mensch, der die Dinge sah, wie sie in Wirklichkeit waren, von einer unglaublichen Geduld und Zähigkeit, die durch kein Mißlingen, durch keine Niederlage zu erschüttern, geschweige denn zu brechen waren. Alles in Allem genau der Mann, den seine Partei in dem gegebenen Momente brauchte.

Sie hat ihm, wie bekannt, mit dem üblichen Undanke gelohnt; er ist dem Scherbengerichte verfallen, dem Lassalle noch durch seinen frühzeitigen Tod entging. Wenn die Hallucinationen seiner Todfeinde entscheiden, dann war Schweitzer freilich ein agent provocateur, ein Mouchard, ein besoldeter Regierungsagent. Wohlgemerkt, die Hallucinationen seiner Todfeinde, denn wie man die unendliche Phrasenspreu, die über dies Thema geschrieben und gesprochen worden ist, immer siebe und worfele, es fällt auch nicht ein Körnlein thatsächlichen Beweises heraus. Von zwei Seiten namentlich sind diese Angriffe mit besonderem Eifer betrieben worden: einmal von der Fraction der Internationalen, welcher die Person Schweitzers das unüberwindlichste Hinderniß ihrer Propaganda war, und dann von einer gewissen Clique des Berliner Philisterthums, deren Alleinherrschaft in der deutschen Hauptstadt Schweitzer unwiderruflich brach. Was beiderseits vorgebracht worden ist, nicht an Beweisen, denn von solchen existiren nicht einmal Schatten, sondern von Angaben, die wenigstens nicht pure Phantasien waren, ist erstens, daß Schweißer einmal in einem Commissionszimmer des Reichstages eine Unterredung unter vier Augen mit Wagener gehabt, und zweitens, daß er Rudolf Meyer auf dessen Bitte einige thatsächliche Notizen über die Geschichte des allgemeinen deutschen Arbeitervereins gegeben hat. Voilà tout.

Die inneren Gründe, welche gegen ein geheimes Bündniß zwischen der preußischen Regierung und dem socialistischen Führer sprechen, brauchen heute kaum mehr ausführlich dargelegt zu werden. Man wird hoffentlich noch keiner ungehörigen Sympathie für den Grafen Eulenburg verdächtig sein, wenn man ernste Zweifel daran hegt, daß er aus Furcht vor Eugen Richter und Wilhelm Liebknecht sich die communistische Landplage mit schwerem Gelde großgezogen hat. Was Schweißer anbetrifft, so hatte er es nach Charakter und Talent wahrlich nicht nöthig, um des Gelderwerbes willen das elendeste aller Gewerbe zu treiben; nachdem er als „Verräther" endgültig proclamirt worden war, schuf er sich als Theaterdichter eine ungleich angesehenere und bequemere Existenz, wie er je als Arbeiterführer gehabt hat. Der unwiderleglichste Beweis gegen sein „Bündniß mit der Reaction" ist wie bei Lassalle der Umstand, daß er ein sehr geschätztes Hochwild der staatsanwaltlichen Jagd war. Wenn man nicht grade das credo quia absurdum est proclamiren will, dann ist es doch eine absolut unvernünftige Unterstellung, daß die preußische Regierung einen Arbeiteragitator besoldet, um ihn mehrere Monate im Jahre in ihren Gefängnissen lahmlegen zu lassen. Auf einem Congresse der Internationalen, wo Schweißer natürlich immer als der leibhaftige Gottseibeiuns portraitirt wurde, dämmerte einem Delegirten wirklich einmal dieser naheliegende Gedanke auf. Da aber nahm der kühne Renner Liebknecht das unerwartete Hinderniß mit folgendem eleganten Sprunge: „Die Richter sind nicht in die Bismarckschen Pläne eingeweiht, vielleicht war es auch bloße Komödie, aber jedesmal war seine Haft nur eine Scheinhaft." Mit dieser Sorte von Argumentation kann man freilich das Blaue vom Himmel herunterbeweisen.

Im Uebrigen ist nicht zu läugnen, daß ein gewisser Schleier über dem Treiben Schweißers liegt. Wer einmal den Mann, dessen ganzes Wesen müde Genußsucht und weltmännische Skepsis war, vor einer athemlosen Versammlung über die Leiden des Arbeiter-

standes hat sprechen hören, der hat schwerlich die Frage unter=
drückt: Ja, wie kommst Du denn zu solchen Reden und in solche
Gesellschaft? Schweitzers Verhalten bei der ersten Reichstagswahl
in Elberfeld, seine parlamentarische Theorie der „Bosheit," die
gleichgültige und legere Art, mit welcher er plötzlich sein Präsidium
niederlegte, nachdem er den Verein durch die rastlose Arbeit langer
Jahre aus trübstem Verfall in einen respectablen Zustand gebracht
hatte — alles das sind Widersprüche, die auch unbefangene Urtheiler
frappiren müssen. Aber so ganz unlösbar sind diese Räthsel doch
nicht. Schweitzer war ein blasirter Roué; er hatte Alles genossen,
was sich außerhalb der Gitter des Strafgesetzes genießen läßt, und
vielleicht noch Einiges darüber. Der Sprößling eines reichen Patricier=
geschlechts in Frankfurt a. M., war er in seiner Vaterstadt unmöglich
geworden; auch wo man freier dachte als in dieser großartigen
„Republik," brachte ihn der Verdacht einer unsauberen Leidenschaft in
die Mäuler der Leute. Der arme Lassalle hatte damit seine weibliche
Plage; wenn ihm die Querelen gar zu bunt wurden, da donnerte er wohl:
„Eure Töchter sollt Ihr ihm ja nicht zur Frau geben, aber" — und
dann citirte er seine griechischen Philosophen zu etwas profanen Zwecken.
So trieb Schweitzer lässig auf der Woge des Lebens, ein geistreicher
Wüstling, der zu klug und zu kräftig war, um sich in sinnlicher Lust
ganz zu erschöpfen. Das politische Leben betrachtete er als eine
Art höheren Würfelspiels; er pointirte da, wo ihm die Chancen am
günstigsten schienen. Er war ein moderner Condottieri, gewissenlos,
aber auch wieder gewissenhaft, wie ein solcher; sein subjectives Belieben
ging ihm über Alles, aber so lange er sich engagirte, that er seine
übernommene Pflicht nach besten Kräften. Daß er im Grunde keine
gemeine und unedle Natur war, hat er während seiner letzten Lebens=
jahre bewiesen, in denen sich auch an ihm der Zauber einer ächten
Liebe bewährte und er in glücklicher Ehe einer geistigen Thätigkeit
mit schönen Erfolgen lebte. Die deutsche Bühne hat an ihm eins
ihrer wenigen Lustspieltalente verloren.

Wie hart oder wie milde aber die politischen Gegner Schweitzers
über ihn urtheilen mögen, seine Partei ist ihm nichts Anderes schuldig,
als reichen Dank, wenn anders dies Wörtchen im communistischen
Lexikon auch nur die bescheidenste Stätte fände. Im Mai 1867
übernahm er das Präsidium des Vereins und schon im September,
als die Wahlen zum ersten Reichstage des norddeutschen Bundes

stattfanden, hatte er Zahlenerfolge erreicht, welche Laffalle überglücklich gemacht haben würden. In Elberfeld-Barmen wurde er selbst mit 8915 Stimmen, in Lennep-Mettmann Dr. Reincke mit 7832 Stimmen gewählt; in einer Anzahl anderer Kreise hatte die Partei ansehnliche Minoritäten aufzuweisen; so unterlag beispielsweise der Lohgerber Hasenclever in Essen mit 3419 Stimmen nur um ein Geringes. Die abgefallene Partei der Gräfin Hatzfeldt brachte in Chemnitz den Kupferschmied Försterling mit 5561 Stimmen durch. Ende November 1867 fand die sechste Generalversammlung des Vereins, die erste unter Schweitzers Präsidium, zu Berlin statt. Die Organisation erwies sich als vollkommen hergestellt; die Finanzen — Bracke in Braunschweig war Kassirer — befanden sich in guter Ordnung. Als ein großer Mangel stellte sich heraus, daß die Partei in Berlin noch immer nicht festen Fuß gefaßt hatte; eine öffentliche Volks= versammlung, die zu Ehren des Parteicongresses abgehalten wurde, trommelte an Freunden, Gegnern und Neugierigen etwa 200 Per= sonen zusammen. Bei den engeren Parteiverhandlungen waren 51 Gemeinden durch 20 Delegirte vertreten, die zusammen 3462 Mitglieder repräsentirten.

Diese Mitgliederzahl ist allerdings noch beträchtlich geringer, als sie beim Tode Lassalles war, aber sie hat einen ganz anderen Hintergrund. Zu Lassalles Zeiten war jeder Anhänger der Partei zugleich Mitglied des Vereins; man war froh, wenn man die Stamm= listen füllen konnte, und hütete sich, durch ein strenges Steuersystem die spärlichen Einzeichnungen vollends auf Null zu reduciren. Das wurde unter Schweitzer ganz anders, namentlich als er später die Gewerkschaften zu organisiren begann. Mit der strafferen Organisation des Vereins einer= und der weiteren Ausbreitung der Parteigrundsätze anderseits vergrößerte sich immer mehr die Kluft zwischen den Mit= gliedern des Vereins und den Anhängern der Partei oder, um den springenden Punkt zu treffen, zwischen den steuernden und den stimmenden Mitgliedern. Diesen Unterschied darf man nie aus den Augen lassen, wenn man nicht bei Schätzung der Zahlen über die Ausbreitung der Partei zu völlig irrigen Schlüssen kommen will. 1864 deckten sich im Wesentlichen noch beide Kategorien. 1867 mochten 40,000 Stimmen für socialistische Candidaten bei der Reichs= tagswahl abgegeben sein, während der Verein, wie erwähnt, etwas über 3000 Mitglieder zählte. 1874 stimmten etwa viertehalbhundert=

tausend Socialisten, während anderthalb Jahre später auf dem Vereinigungscongresse zu Gotha, wo nur regelmäßig steuernde Mitglieder
vertreten sein durften und die Eifersucht der beiden Fractionen für
eine strenge Controle sorgte, ungefähr 25,000 Mandanten hinter den
Delegirten standen. Die Socialisten selbst taxiren den Unterschied,
wie 1 : 20. Das ist arg übertrieben, aber die Verhältnißzahl 1 : 10
oder vielleicht auch 1 : 15 dürfte etwa das Richtige treffen.

Während so der Verein Lassalles endlich in das Stadium stetiger
Entwicklung gelangt war, schwamm Liebknecht, der deutsche Apostel
der Internationalen, noch auf hoher See. Als er im Juli 1865
aus Berlin ausgewiesen wurde, ging er nach Leipzig; es war eine
recht glückliche Ortswahl, denn er fand zu jener Zeit im Königreich
Sachsen in reichster Fülle, was er überhaupt in Deutschland suchte,
Aufregung nämlich und Unzufriedenheit. Freilich war es keine sociale,
sondern eine politische Aufregung und Unzufriedenheit. Um so besser
für ihn und seine Zwecke. Für ihn, denn hier konnte er seinen
wüthenden Preußenhaß recht nach Herzenslust ausgähren und austoben;
für seine Zwecke, denn der Communismus haßt jede Reform und
betrachtet es zunächst als seine Hauptaufgabe, bei jeder revolutionären
Bewegung im Trüben zu fischen, wie es das communistische Manifest
von 1847 mit dürren Worten ausspricht. Zudem war Deutschland
damals so wenig der Ort zu einer directen communistischen Agitation,
wie Liebknecht der Mann dazu war. Was an derartigen Neigungen und
Trieben vorhanden war, das hatte der allgemeine deutsche Arbeiterverein eingefangen; in ihn sich einzunisten, war Liebknecht mißlungen,
und gegen ihn mit klingendem Spiel und wehender Fahne zu marschiren,
wie Lassalle gegen die Fortschrittspartei marschirt war, dazu hatte
er nicht das Zeug. Denn er ist wohl ein Fanatiker, aber von einem
Politiker hat er nicht einmal so viel, als dazu gehört, ein guter
Agitator zu sein.

Ein Fanatiker mit allen guten und schlimmen Seiten eines
solchen. Liebknecht ist persönlich ein sehr ehrenwerther Mann, sein
Privatleben nach allen Richtungen hin ein musterhaftes. Er ist —
im Gegensatz zu Lassalle, Marx und Schweitzer — arm geboren
und arm geblieben; er begnügt sich mit dem Dürftigsten, wenn er
seiner Idee leben kann, und er verschmäht den rechtlichsten Erwerb,
der ihn abseits locken könnte von dem Wege seines Lebens. In
dieser Beziehung steht er unantastbar da; der Vorwurf unlauterer

Motive im niedrigen Sinne des Wortes reicht ihm nicht an die Schuhsohlen. Aber wo es seine Sache gilt, da mag man in Deutschland den Mann suchen, der mit derselben Gleichgültigkeit die giftigsten und verächtlichsten Waffen führt. Seitdem er sich als Primaner an den Schriften St. Simons berauschte, stürmt Liebknecht mit athemloser Hast der Phantasmagorie des communistischen Staats nach, die unablässig vor seinen erregten Sinnen gaukelt; was ihm hindernd in den Weg tritt, das sucht er zu zerstören mit jedem, aber auch mit jedem Mittel, daß nur irgend brutale Zerstörungslust handhaben kann. Keine Verleumdung ist ihm gemein genug, als daß er sie nicht einem politischen Gegner an den Kopf würfe; kein Mantel der Liebe weit genug, um den schlimmsten Unrath in den eigenen Reihen zu verdecken; dieselbe Hand, welche verdorren würde, ehe sie sich mit einem Pfennige unrechten Gutes besudelte, vertheidigt die infamste Corruption. Und das ist nicht bewußte Schlechtigkeit, denn sonst könnte Liebknecht nicht persönlich ein anständiger Mann bleiben; es ist eine geistige Entartung, welche die Dinge nur noch so zu sehen vermag, wie sie der verzerrende Spiegel einer verzerrten Welt= anschauung auffängt. Und dazu kommt: Liebknecht ist die besten Jahre seines Lebens Emigrant gewesen; wohin er tritt, riecht er Spione und wittert er Verräther. Es ist etwas unendlich Tragikomisches in diesem Gehabe; komisch in der äußeren Erscheinung, tragisch im inneren Wesen, denn es ist ja doch nur der unselige Fluch der Entfremdung vom Vaterlande, der einen ursprünglich edlen und reinen Charakter zu einer so traurigen Carricatur umgestaltet hat.

So wie Liebknecht durch eigene und fremde Schuld geworden ist, war und ist er völlig unfähig, eine Massenagitation aus eigner Initiative ins Leben zu rufen. Wo die Gemüther in das communistische Gedankensystem schon eingesponnen sind, da erzielt seine wilde Beredsamkeit wohl manche Erfolge, aber um die Massen hinüber= zuleiten von dem Boden der Wirklichkeit in die Nebelwolken einer Traumwelt, dazu bedarf es zunächst der Fähigkeit, sich in ihr Denken und Fühlen wenigstens momentan zu versetzen, und hieran gebrach und gebricht es Liebknecht vollständig. Als er im Sommer 1865 einsam in Leipzig landete, konnte er zunächst nur der Kehrseite seines communistischen Ideals, dem rasenden Haß gegen den nationalen Staat, das heißt, wie die Dinge damals lagen, gegen Preußen, leben und er hat diesen Haß in wahren Orgien gesättigt. Wer um jene

5*

Zeit in Leipzig lebte, der weiß, wie der bloße Klang des preußischen
Namens die schlimmsten Leidenschaften aufbrausen ließ, wie die
widernatürlichsten Bündnisse von der äußersten Rechten bis zur
äußersten Linken geschlossen wurden, wie Feuer und Wasser sich
mengte, um in Brausen und Zischen wirkungslos gegen das drohende
Verhängniß aufzupuffen. In diesen trüben Strudeln trieb Liebknecht
wie in seinem Lebenselemente; die schlimmste Hefe jenes Treibens
rann durch die Spalten der „mitteldeutschen Volkszeitung," welche
er in großdeutsch-particularistischem Sinne redigirte. Anfang September
1866 — der Friedensschluß mit Sachsen verzögerte sich bekanntlich
bis in den October — wurde das Blatt von der preußischen Militär-
verwaltung unterdrückt. Inzwischen war die Amnestie in Preußen
verkündet, durch das Reichstagswahlgesetz ein norddeutsches Staats-
bürgerrecht geschaffen; im Vertrauen darauf ging Liebknecht nach
Berlin, um Familienangelegenheiten zu ordnen; er wurde alsbald
verhaftet, wegen Bannbruchs in Anklagezustand versetzt, zu drei
Monaten Gefängniß verurtheilt. Als er anfangs 1867 nach Leipzig
zurückkehrte, fand er sein Weib im Sterben, seine mühsam geschaffene
Existenz völlig zerstört. Was ihm angethan war, das war nicht
nach billigem Recht geschehen, aber es war doch nur die schwere
Buße einer schweren Schuld. Sein unwahres und wüstes Treiben
hatte dem verhaßten Staate kein Steinchen in die Geleise siegreichsten
Triumphes zu werfen vermocht; um ihn selbst aber hatte es nichts
als Ruinen geschaffen.

Dennoch war seine Saat nicht ganz umsonst in den zerwühlten
Boden gesäet; er hatte im Wesentlichen zwar nur einen nennenswerthen
Anhänger geworben, aber dieser eine wog zehntausend gewöhnliche
Köpfe auf. Es war Bebel. Er ist bekanntlich ein einfacher Drechsler,
auf Dorf- und Sonntagsschulen, auf weiten Fahrten als Handwerks-
bursche gebildet. Die weitverbreitete Anschauung, als ob Bebel der
leitende Kopf der socialdemokratischen Bewegung sei, ist sehr irrig;
geistig ist er nichts als ein Geschöpf Liebknechts. Was ihn auszeichnet
und ihm so große Erfolge verschafft hat, liegt in dem ächten und
ursprünglichen Gehalte seiner Natur; er ist gewissermaßen das
verkörperte Ideal eines modernen Arbeiters im guten Sinne.
Anspruchslos, bescheiden, einfach, hat er eine immer rege Lust, sich
zu belehren, eine unverwüstliche Neigung zu ernsthaftem Nachdenken;
dabei hält er sein Handwerk in Ehren, und er, der tausendmal mehr

Recht dazu hätte als die Most, Sack, Wahlteich et hoc genus omne, hat sich niemals von dem gesunden Boden seiner ehrlichen Arbeit dazu verlocken lassen, als professionsmäßiger Volkslehrer und Schriftsteller eine im innersten Wesen lügenhafte Existenz zu führen. Sein Einfluß auf die Arbeitermassen ist sehr groß; er besitzt eine volksthümliche Beredsamkeit und er ist seinen Hörern immer nur um einige Schritte voraus, so daß er genau das ausspricht, was in ihrer Seele eben unartikulirt nach Gestaltung ringt. In Wahrheit, um ein viel mißbrauchtes Wort zu citiren, ein Mann aus dem Volke, der in seinem Wesen einige charakteristische Seiten unserer Arbeiterbevölkerung classisch wiederspiegelt; dabei ein Mann von natürlichen Gaben, von klarem Auge und scharfem Verstande, von schnellem, fast instinctivem Denken; die Art, wie er im Reichstage seine Conflicte mit Lasker und Simson ausfocht, hätten ihm wahrlich wenige Parlamentarier nachgemacht. Seine historische Bedeutung — denn die besitzt Bebel ohne Frage — liegt darin, daß er der erste und bisher einzige Handarbeiter in Deutschland ist, der sich im Vordergrunde der politischen Bühne bewegt, ein Gleichberechtigter unter Gleichberechtigten.

So war Bebel, als Liebknecht ihn zum Freunde und Mitstreiter gewann. Heute ist er nicht mehr ganz so. Der intime Verkehr mit einem so dissoluten Geiste wie Liebknecht, das agitatorische Treiben eines Jahrzehnts haben das einfache Gefüge seines Charakters vielfach entstellt und verzerrt; seine neueste Schrift zur Geschichtsphilosophie der Bauernkriege ist eben so albern, wie anmaßlich. Vor zehn Jahren aber war er genau der Mann, den Liebknecht als Ergänzung seines eigenen Wesens brauchte. Und abgesehen von der persönlichen Bedeutung Bebels, brachte er eine kostbare und unersetzliche Mitgift in das Freundschaftsbündniß mit, einen weiten Anhang in den deutschen Arbeiterkreisen. Bebel war ursprünglich ein Gegner der socialistischen Bewegung gewesen; er hatte Lassalle, dessen Agitation ja grade von Leipzig ausging, heftig bekämpft und hing Schulze-Delitzsch mit großer Begeisterung an; in dem leipziger Arbeiterbildungsvereine, der Schulze treu geblieben war, spielte er eine große Rolle und wurde 1865 sein Vorsitzender. Dieser Verein war mit einer erheblichen Anzahl ähnlicher, namentlich mittel- und süddeutscher Vereine in einem Verbande vereinigt, dessen ständiger Ausschuß in Leipzig seinen Sitz hatte. 1864 war Bebel schon Mitglied dieses Ausschusses geworden;

1867 wurde er auch hier Vorsitzender. So stand er an der Spitze einer Arbeitermasse, die nach vielen Tausenden zählte, und verschaffte Liebknecht ein Arbeitsfeld für seine communistischen Ideen, das derselbe aus eigener Kraft sich niemals erobert haben würde.

Der deutsche Apostel der Internationalen agitirte nunmehr zunächst mit einer Vor= und Umsicht, die an sich seinem ganzen Charakter widerstreitet und sich wohl am natürlichsten durch die sehr allmähliche und langsame Entwicklung erklärt, welcher Bebels gesunde Natur bedurfte, um sich völlig in die communistischen Träume ein= zuspinnen. Liebknechts Hauptwaffen blieben vorläufig noch ein eben so phrasenhafter, wie inhaltsloser Radicalismus und vor Allem natürlich der unausrottbare Preußenhaß. Bebel gelangte durch seinen Anhang in sächsischen Arbeiterkreisen bereits in den constituirenden Reichstag von 1867; Glauchau wählte ihn mit 7922 Stimmen. Seine einzige oratorische Leistung in dieser Versammlung war eine donnernde Philippica gegen die Zerreißung Deutschlands durch Bismarck; man hört aus jedem Satze die großdeutsch=particularistischen Phrasen Liebknechts heraus. Als Lasker spöttisch darauf hinwies, daß die Gesinnungsgenossen des Redners bei der engeren Wahl in Elberfeld ja für Bismarck gegen den liberalen Candidaten entschieden hätten, protestirte Bebel mit Emphase dagegen, daß er mit den socialistischen Bestrebungen das Geringste zu schaffen habe; er sei Vertreter der radical=demokratischen oder, wenn man wolle, der „Volkspartei." Bei Bebel mochte diese Sprache noch ehrlich sein, bei Liebknecht war sie natürlich nur eine heuchlerische Maske seiner communistischen Tendenzen.

Etwa um dieselbe Zeit veröffentlichte Marx bei Meißner in Hamburg den ersten und bisher noch einzigen Band seines großen Werkes: „Das Capital," der Bibel des Communismus; gleich auf der ersten Seite schiebt er Lassalle mit einer verächtlichen Hand= bewegung bei Seite. Marx stand mit Liebknecht im lebhaftesten, vertrautesten Briefwechsel, der bis auf den heutigen Tag gedauert hat, nur in seltenen Intervallen durch Zwistigkeiten unterbrochen; Krakehl und Zank ist ja ein so unveräußerliches Erbtheil der Communisterei, daß selbst der Hohepriester und sein liebster Jünger sich jeweilig in den Haaren gelegen haben. Mit dem „Capital" gewann Liebknecht theoretischen Boden unter den Füßen, wie er durch Bebels Freundschaft praktischen Boden gewonnen hatte. Die communiſtiſche Agitation begann ihr unheimliches, unterirdiſches Werk. Vorerſt freilich immer noch in ſchüchterner und ſehr verhüllter Form.

VIII.

Im Sommer 1865 hatten Bebel und Liebknecht ſich kennen gelernt. Im September deſſelben Jahres erklärte ſich der Verband der deutſchen Arbeitervereine, in deſſen Ausſchuſſe Bebel ſaß, auf ſeiner Jahresverſammlung zu Stuttgart für das allgemeine Stimmrecht. Im Mai 1866 ſagte ſich jener Ausſchuß und mit ihm die Majorität der Vereine von der Fortſchrittspartei und von Schulze-Delitzſch los. Im Auguſt des gleichen Jahres wurde unter Bebels weſentlicher Mitwirkung auf einer Landesverſammlung der ſächſiſchen Arbeiter zu Chemnitz ein particulariſtiſch-volksparteiliches Programm vereinbart, auf welches hin Bebel in den conſtituirenden Reichstag gelangte. Noch ein Jahr ſpäter und auf dem Verbandstage der deutſchen Arbeitervereine, der im October 1867 zu Gera ſtattfand, wurde Bebel in heftigem Wahlkampfe gegen Max Hirſch, den bekannten Anhänger Schulze's, zum Vorſitzenden des Ausſchuſſes erwählt. Das ſind in Kürze die erſten Etappen, auf denen ſich der internationale Communismus ſich in die deutſche Arbeiterwelt einniſtete. Liebknecht ſtand äußerlich noch immer außerhalb der Agitation; in den politiſchen Vordergrund trat er einigermaßen, als er auf das chemnitzer Programm hin mit 4296 Stimmen vom ſächſiſchen Wahlkreiſe Stolberg in den erſten norddeutſchen Reichstag gewählt wurde; Bebel wurde wiederum von Glauchau mit 5256 Stimmen erkoren.

Das waren, Alles in Allem, ſchon recht hübſche Erfolge, aber Liebknecht blieb vorſichtig genug, ſeine communiſtiſchen Herzens-geheimniſſe vorläufig im innerſten Schrein ſeines Buſens zu bewahren. Im Reichstage debütirte er als deutſcher Patriot, dem die Zerfleiſchung Deutſchlands, die Neutraliſirung Luxemburgs, die projectirte Abtretung der nordſchleswigſchen Diſtricte das fühlende Herz zerriß. „Seit Ihrer glorreichen Neugeſtaltung," rief er, „reißt das Ausland Stück um Stück vom deutſchen Leibe los. Jeder deutſche Patriot wird von tiefem Schmerze ergriffen, wenn er der Ereigniſſe des vorigen Jahres gedenkt. Aber es wird der Tag kommen, wo Ihre Gewalt sich mit der größeren Gewalt Frankreichs zu messen haben wird, und dann ruht das Schicksal Ihres Nordbundes und Preußens in der Wage des Kriegsglücks. Sie können die erste Schlacht eben so gut verlieren, wie sie für die andere Seite verloren gehen kann. Die Weltgeschichte steht nicht still; sie wird hinwegschreiten über Ihr Gewaltwerk, über diesen Nordbund, welcher nichts Anderes bedeutet, als die Theilung, Knechtung und Schwächung Deutschlands; sie wird hinwegschreiten über diesen norddeutschen Reichstag, der nichts ist, als das Feigen= blatt des Absolutismus." Darauf erwiderte Schweitzer: „Wir wollen nicht in Gemeinsamkeit mit Herrn Liebknecht und seinen Freunden, den depossedirten Fürsten und dem neidischen Auslande dahin trachten, Preußen und den norddeutschen Bund zu ruiniren und zu zerstören. Wir, obwohl unzufrieden mit den inneren Zuständen und dahin strebend, dieselben gründlich zu ändern, stehen innerhalb des neu sich bildenden Vaterlandes; jene stehen außerhalb desselben, wollen außer= halb desselben stehen. Das ist es, was uns von ihnen trennt, und das mußte hier bestimmt constatirt werden." Es mag schwer zu entscheiden sein, mit welchem Maße von Ehrlichkeit jeder von Beiden perorirte, aber darüber ist wohl kaum ein Zweifel möglich, wer wie ein verständiger Arbeiterführer und wer im Stile eines agent pro= vocateur gesprochen hat.

Die Socialdemokratie im Reichstage ist bekanntlich ein gar wunderliches und wüstes Capitel. Ihre parlamentarischen Leistungen sind unendliche Aschenhaufen von Phrasen, in denen nach einigen halbwegs greifbaren Kohlen zu schürfen ein mühselig und undankbar Geschäft ist. Von dem Dutzend Vertreter der Partei, welche seit einem Jahrzehnt über die weltbedeutende Bühne der leipziger Straße gelaufen sind, hat kaum einer oder der andere winzige Spuren seiner Wirksamkeit an den Gesetzen hinterlassen, die in dieser Frist aus den schöpferischen Händen des Reichstages hervorgingen. Auch oratorische Leistungen, welche das geistige Durchschnittsniveau unserer parlamen= tarischen Redner erreichen, sind nur vereinzelt zu registriren; es ist von der allerschlechtesten Seite, daß sich die Träger der socialistischen Bewegung an dieser hervorragenden Stelle gezeigt haben. Wer gerecht urtheilt, wird ihnen einige entschuldigende Momente zu Gute kommen lassen; für eine Fraction von so winziger Zahl und so schroffer Parteistellung ist es überhaupt sehr schwierig, entscheidend und fruchtbar in die Verhandlungen einzugreifen; zudem macht die Diätenlosigkeit den meisten socialdemokratischen Abgeordneten die andauernde Theil= nahme an den Arbeiten des Reichstages halbwegs unmöglich. Trotzdem kann das Endurtheil über die parlamentarische Thätigkeit der Social= demokratie nur eine harte Verurtheilung sein. Der unversöhnliche Widerspruch zwischen der träumerischen Phantastik des Communismus und dem harten Zwang alles realen Wesens hat sich hier am schärfsten gezeigt; höchstens Bebel und Schweitzer ist es gelegentlich gelungen die wechselnden Chancen der Debatte geschickt für ihre Zwecke zu benutzen; sonst ist vom ersten Augenblicke an der Klagen über die „Schlingen der Geschäftsordnung," über die Unmöglichkeit, zum Worte zu kommen und was dem mehr ist, kein Ende gewesen. So lange die Traditionen Lassalles, der auf parlamentarischem Boden die entscheidende Schlacht schlagen wollte, in der Partei lebendig wirkten, waren diese Dinge nicht ganz so schlimm, wie sie heute sind. Im norddeutschen Reichstage, als er 1867 zusammentrat, war von den socialistischen Abgeordneten nur der Kupferschmied Försterling aus Dresden, der Vertreter der weiblichen Linie, die vornehmlich im Königs= reich Sachsen ihren Anhang hatte, eine absolut komische Person; er erregte durch seine Reden, in welchen er halbverdaute Phrasen aus den Broschüren Lassalles ohne jeden Zusammenhang mit dem stereotypen Refrain: „sagt Ferdinand Lassalle," herzubeten pflegte, anfangs die Heiterkeit, dann die Langeweile des Hauses. Bebel und Liebknecht gaben sich in Gemeinschaft mit dem unbedeutenden Advocaten Schraps völlig als Preußenfresser und Volksparteiler. Schweitzer war den Führern der anderen Parteien geistig ebenbürtig; durch die Unum= wundenheit, mit welcher er gleich bei seinem ersten Auftreten in der Debatte über die Aufhebung der Zinsbeschränkungen verkündete, daß er für das Gesetz nicht aus innerer Ueberzeugung, sondern aus „Bosheit" stimme, um die großcapitalistische Productionsweise sich möglichst bald abwirthschaften zu lassen, verdarb er sich freilich von Anfang an seine Stellung. Der Fünfte endlich, Dr. Reincke, war ein gebildeter Mann von aristokratischem Wesen, der fließend, wenn auch nicht grade originell sprach. Es war kein Parteimann im engeren Sinne, vielmehr ein Philantrop, dessen etwas unklarer Humanismus ihn den socialistischen Ideen näherte. Durch seine wohlthätige, vielfach gemeinnützige Thätigkeit als Arzt hatte er sich persönliche Beliebtheit unter der Arbeiterbevölkerung am Rhein erworben; mehr dieser als seiner Parteistellung verdankte er die Wahl in den Reichstag. Seine parlamentarische Hauptthat war ein von Mitgliedern der Fortschritts= partei unterstützter Antrag auf Erweiterung der Bundesverfassung, dahingehend, daß der Reichstag das Recht haben solle, selbstständige Untersuchungscommissionen niederzusetzen, die nach Absicht des Antrag= stellers namentlich Erhebungen über die Lage der Handarbeiter vornehmen sollten. Die Majorität ging auf die Idee nicht ein, weil sich die entsprechende Bestimmung in der preußischen Verfassung bekanntlich praktisch völlig unwirksam gezeigt hat. Später inaugurirte Dr. Reincke das System der Auszählungen des Hauses in den heißen Sommertagen, um „lehrreiche Beiträge zur Statistik diätenloser Volksvertretungen" zu liefern; er gerieth darüber in heftige Conflicte mit dem Präsidenten Simson und legte schon im Juni 1868, müde einer auf die Dauer unhaltbaren Stellung, sein Mandat nieder, um für immer aus der Geschichte der Partei zu verschwinden. An seine Stelle wählte der Wahlkreis Lennep=Mettmann den Cigarrenarbeiter Fritzsche, einen self-made=Mann, der aus den dürftigsten Verhältnissen sich rüstig emporgearbeitet und als praktischer Organisator eine der ersten Rollen in der Bewegung gespielt hat und noch spielt. Wenn er weniger bekannt ist als manche viel unbedeutendere Mitglieder seiner Partei, so liegt das daran, daß er von je her weniger Gefallen an dem lärmenden Geschwätz über politische Dinge, als an einer rein praktischen Thätigkeit gefunden hat. Zudem hat er in den inneren Zwisten der Partei beständig seine Stellung gewechselt, bald Schweitzer, bald der Haßfeldt, bald Liebknecht und Bebel angehangen. Er gehört zu den ersten Anhängern Lassalles und war schon unter Beckers Präsidium Vicepräsident des allgemeinen deutschen Arbeitervereins; als solcher gründete er Ende 1865 den „deutschen Tabakarbeiterverein," den ersten socialistischen und nächst dem Buchdruckerverbande überhaupt den ersten Gewerkverein in Deutschland. Bei der streng centralistischen Richtung der Lassalleschen Organisation erregte er damit anfangs großen Anstoß unter seinen Genossen; Herr v. Hofstetten, der Redacteur des „Socialdemokrat," schrieb im Januar 1866 wüthend an den damaligen Präsidenten Tölke: „Diese Dinge müssen nothwendig die Partei zu Grunde richten, in der öffentlichen Meinung verdienter= maßen herabsetzen und zum Ruin der ganzen Bewegung führen, die, wie Sie sehen werden, politisch im Sande verläuft und eine rein materielle Richtung annimmt in der Weise, daß, ähnlich wie die

Cigarrenarbeiter und Buchdrucker, die einzelnen Gewerke sich zu centralisiren und ihre corporativen Interessen zu fördern suchen." Es bedurfte nur weniger Jahre, um zu zeigen, daß der einfache Arbeiter die Interessen seines Standes und die Zeichen der Zeit viel richtiger zu erkennen vermochte, als der irrlichterirende Phantast von Baron, der auf Kosten der Arbeiter eine Großmannsrolle spielen wollte, zu der ihm nicht weniger wie Alles fehlte.

So wenig das erste Auftreten der socialdemokratischen Führer auf der parlamentarischen Bühne von dem Erfolge begleitet war, den Lassalle erhofft hatte, so groß war anderseits seine Wirkung auf die Ausbreitung der Parteigrundsätze in Arbeiterkreisen. Aus den Verhandlungen der Volksvertretung, deren intimeren Zusammenhang ja leider nur immer eine kleine Minderheit zu verfolgen vermag, scholl eine Sprache voll schmetternder Phrasen heraus, welche der großen Masse eben so verständlich war, als sie ihre nächsten Interessen berührte; sie fand um so empfänglichere Ohren, je mehr das allgemeine Stimmrecht das Interesse am politischen Leben gefördert hatte; was den gebildeten Geschmack abstieß, die grelle, plumpe Mache, grade das lockte unverwöhnte Gemüther am meisten. Die socialistische Hochflut war in langsamen, aber beständigem Wachsen begriffen; das zeigte sich direct und indirect in sprechenden Symptomen. Die Zeit= umstände förderten diese Entwicklung mehr noch, als das agitatorische Treiben der Führer. Mit der Errichtung des norddeutschen Bundes fiel eine Reihe von Schranken, welche bisher das wirthschaftliche Leben eingeengt hatten; wir suchten in schnellen Schritten den Vorsprung einzuholen, den andere Culturvölker Europas uns nach dieser Richtung hin in langsamerer Entwicklung abgewonnen hatten. Es war selbst= verständlich und wenn nicht von reactionärer Kurzsichtigkeit, so doch sonst von Jedermann vorhergesehen, daß wie jede Lösung drückender Fesseln, so auch die freie Entfesselung der wirthschaftlichen Kräfte mancherlei Mißstände im Gefolge haben mußte. Die Freizügigkeit brachte die Arbeitermassen in ungewohnte Bewegung; die Strikes, bis dahin unbekannte Erscheinungen auf deutschem Boden, fingen an, sich zu mehren. Es war leicht zu prophezeien, daß sie demnächst noch rapider zunehmen würden; Anträge auf Aufhebung des Coalitions= verbots, welche die Fortschrittspartei schon im preußischen Abgeordneten= hause von 1865 eingebracht hatte, waren im norddeutschen Reichs= tage sofort wieder aufgenommen worden; ihre endgültige Genehmigung war nur noch die Frage einer sehr absehbaren Zeit.

Alle diese Umstände wirkten zusammen, um das Jahr 1868 zu einem der denkwürdigsten in der Geschichte der deutschen Socialdemokratie zu machen. Als Schweitzer auf der diesjährigen Generalversammlung zu Hamburg Ende August seine Schaaren musterte, hatte sich ihre Zahl gegen das Vorjahr mehr als verdoppelt; er zählte 7192 Vereinsmitglieder in 82 Orten. Die letzten Spuren des Interregnums nach Lassalles Tode waren beseitigt; die Partei erwies sich als trefflich disciplinirt und organisirt. So konnte Schweitzer den ersten großen Schritt über Lassalle hinaus wagen. Er hatte mit klugem Auge das Gähren in der Arbeiterbevölkerung, das Ueberhandnehmen der Strikes verfolgt; es galt, das herrschende Unbehagen, das immer mit dem Einleben in neue, noch so zukunftsreiche Verhältnisse verbunden ist, für seine Zwecke auszubeuten. Besonnener und kühler wie Lassalle, sah er ein, daß der phantastische Traum von den Arbeiterbataillonen, die nach Hunderttausenden zählen, sich nicht verwirklichen lasse, wenn nicht die Magenfrage dem kleinen Mann deutlicher demonstrirt würde, als durch ein politisches Programm. So ging er denn an eine Organisation der Strikes. Er schlug in Gemeinschaft mit Fritzsche der hamburger Generalversammlung eine Resolution vor, welche die Strikes zwar als unzulänglich bezeichnete, die Grundlagen der capitalistischen Production zu ändern, sie aber im Uebrigen unter Voraussetzung richtiger Organisation für passende Mittel erklärte, das Klassenbewußtsein der Arbeiter zu fördern und einzelne sociale Mißstände aus der heutigen Gesellschaft zu entfernen. Im Anschluß daran brachten Beide dann einen Antrag ein, daß die Generalversammlung den Präsidenten beauftragen solle, einen deutschen Arbeitercongreß zur Begründung allgemeiner, nach den verschiedenen Berufsarten gegliederter Gewerkschaften einzuberufen, die in dem Sinne jener Resolution zu wirken hätten. Der Verein selbst sollte wie bisher fortbestehen, gewissermaßen als Kerntruppe, deren einzelne Glieder in den zunächst für rein praktische Zwecke gegründeten Gewerkschaften als socialistischer Sauerteig gähren und treiben sollten. So klar und vielversprechend diese Idee war, so wenig wollte sie der Generalversammlung einleuchten. Man nahm die Resolution eben so einstimmig an, wie man den Antrag verwarf. Die straffe Centralisation erprobte sich diesmal zu Ungunsten ihres Urhebers. Nach heftigen Debatten, in welchen Schweitzer sogar mit seinem Rücktritte drohte, einigte man sich schließlich dahin, daß er nicht als

Vereinspräsident, sondern daß er und Fritzsche in ihrer Eigenschaft als Reichstagsabgeordnete in dem gedachten Sinne vorgehen sollten. Beide erließen dann sofort einen Aufruf an die deutschen Arbeiter, in welchem sie zur Beschickung eines Congresses aufforderten behufs „planmäßiger, zusammenhängender Organisation der Strikes," behufs „einer umfassenden, festbegründeten Organisation der gesammten Arbeiterschaft Deutschlands durch und in sich selbst zum Zwecke gemein= samen Fortschreitens vermittelst der Arbeitseinstellungen." Der Congreß sollte am 27. September zu Berlin stattfinden.

Inzwischen waren die vorhin angedeuteten Zeitumstände der wühlenden Thätigkeit Liebknechts im gleichen Maße zu Gute gekommen. Anfangs 1868 hatte er in Leipzig das „Demokratische Wochenblatt" begründet; es gab sich noch ganz als Organ der Volkspartei und empfing mehrfach Zuschüsse aus dem sogenannten Revolutionsfonds, der von Kinkel auf seiner amerikanischen Reise gesammelt war und nach seiner Versöhnung mit der deutschen Entwicklung seit 1866 von Ladendorf in Zürich verwaltet wurde. Ladendorf ist bekanntlich heftiger Antisocialist; er gab das Geld behufs Bekämpfung von Schweitzer, wozu es denn auch redlich verwandt worden ist; später hat freilich der Spender gar gewaltig weite Augen gemacht, als er erkannte, daß Liebknecht mehr war denn Schweitzer. Innerhalb des Verbandes der deutschen Arbeitervereine gewann die communistische Agitation, seitdem Bebel dem Ausschusse präsidirte, immer festeren Boden; auch in die Reihen der Haßfeldtschen Fraction des allgemeinen deutschen Arbeitervereins drang sie ein; nur an dem festen Gefüge der Schweitzerschen Organisation prallte sie wirkungslos ab. Die Angriffe gegen Schweitzer steigerten sich im „Demokratischen Wochen= blatte" in demselben Umfange, in welchem die Aussicht wuchs, daß jene Arbeitervereine mit fliegender Fahne ins Lager der Inter= nationalen abschwenken würden. Dazwischen kamen dann wieder allerlei Versöhnungsversuche. Im Sommer 1868 reiste Liebknecht nach Berlin zu Schweitzer, den er kurz vorher im Reichstage einen „Doppelgänger Wageners" genannt hatte, und machte ihm den Vorschlag, zunächst unter Beibehaltung der Vereinsorganisation sich den Bestrebungen der Internationalen anzuschließen; Schweitzer lehnte es ab, den Unterdictator von Marx zu spielen.

Im Herbste 1868 war der internationale Communismus nach vierjährigem unterirdischem Wühlen endlich so weit in Deutschland,

die Maske wenigstens zu lüften. Am 6. September fand der fünfte
Vereinstag der deutschen Arbeitervereine unter dem Vorsitze Bebels zu
Nürnberg statt. Es waren 111 Vereine, welche etwa 14,000 Arbeiter
umfaßten, vertreten. Eine Majorität von 74 Vereinen erklärte sich
für die Prinzipien der Internationalen; die Minderheit trat sofort
aus dem Verbande aus, der im Uebrigen fortbestehen blieb. Denn
auch jetzt waren die Gemüther noch nicht reif für den Communismus
sans phrase; der Umstand, daß der Verband das „Demokratische
Wochenblatt" zu seinem Organe erwählte, zeigte freilich, daß sie keiner
allzu langen Entwicklung mehr bedurften. Auch der Hauptredner des
Vereinstages, der Novellendichter Schweichel, ließ es an genügender
Deutlichkeit nicht fehlen. „Sie kennen ja," rief er, „das unerbittliche
Lohngesetz; gleich der Nadel des Compasses weist es mit einer kleinen
Schwankung nach der einen oder der anderen Seite stets auf den
Nordpol des Hungers." Er warnte vor dem Zusammengehen mit
den Nationalliberalen und Conservativen, mit der Bourgeoisie und
der Demokratie, welche Alle den Arbeitern nur schmeichelten, um durch
sie die Herrschaft zu erlangen und sie dann zu betrügen. „Nach dem
Siege wird man den Arbeiter mit Hohn hinwegweisen oder im besten
Falle zwischen die Ketten und seine wundgedrückten Glieder die Watte
der Almosen schieben, der Suppenanstalten, Hospitäler, Armenhäuser,
Krankenkassen und Debattirvereine." Mag der Dichter dem Politiker
so geschmackvolle Hyperbeln verzeihen; gegen dieses sentimentale
Bekränzen eines brodelnden Hexenkessels ist selbst der „Stil à la
Marat" noch eine wahre Wohlthat.

Im Uebrigen war der süddeutsche Particularismus noch jetzt
Liebknechts eifrigster Verbündeter. Unter den Referenten des nürnberger
Tages befand sich auch Leopold Sonnemann. Der Preußenhaß, welcher
Lassalle wüthend bekämpft hatte, hob den internationalen Communismus
aus der Taufe, wie er ihn in Deutschland hatte erzeugen helfen.

IX.

Wie richtig Schweitzer gerechnet hatte, als er seine Partei durch Bildung von Gewerksgenossenschaften auf eine breitere Basis der Organisation zu stellen versuchte, zeigte sich kurz nach der hamburger Generalversammlung, noch ehe der Arbeitercongreß in Berlin zusammentrat. Das Polizeiamt zu Leipzig löste am 16. September 1868 den allgemeinen deutschen Arbeiterverein, der nominell noch immer seinen Sitz in Leipzig hatte, wegen Bildung von Zweigvereinen auf. Bekanntlich verbieten die meisten deutschen Vereinsgesetze die Verbindung einzelner Vereine unter einander; Lassalle hatte deshalb die statutenmäßige Bestimmung getroffen, daß alle Mitglieder durch ganz Deutschland hin unmittelbar Angehörige des leipziger Vereins sein sollten. Selbstverständlich ließ sich diese Fiction in der Theorie leichter als in der Praxis durchführen; es machte sich von selbst, daß die an einem Orte wohnenden Mitglieder sich zu engeren Verbänden nicht formell, aber factisch zusammenschlossen. Diese unvermeidliche Erscheinung ist von je her die beliebteste Handhabe der Polizei und Staatsanwaltschaft gewesen, wenn sie dem agitatorischen Treiben ein Ziel setzen wollten, von Lassalles Zeit bis auf den heutigen Tag; ein Kleinkrieg der Art war eigentlich ununterbrochen im Gange. Meist richteten sich die Angriffe gegen die localen Gemeinden; jene Verfügung des leipziger Polizeiamts war aber ein Hauptschlag, welcher in der Theorie die ganze Partei sprengte. Freilich auch nur in der Theorie; der Sitz des Vereins wurde nach Berlin verlegt, und da die Gerichte auf erhobene Anklagen die Identität des berliner und leipziger Vereins nicht anzuerkennen vermochten, blieb im Grunde Alles beim Alten.

Thatsächlich lag ohnehin der Schwerpunkt der Partei da, wo das Vereinsorgan erschien und der Vereinspräsident wohnte. Zudem fing der Socialismus endlich an, in Berlin festen Fuß zu fassen; die Fortschrittspartei begann um ihre Alleinherrschaft zu sorgen. Um sich die Arbeiterkreise wieder fester zu verknüpfen, war sie etwa gleichzeitig mit Schweitzer auf die Idee gekommen, Gewerkvereine zu bilden; sie hatte den jugendlichen Max Hirsch auf seine bekannte Studienreise nach England geschickt, um die dortigen Trades-Unions kennen zu lernen. Er mußte schleunig zurückkehren, als Schweitzer mit der praktischen Organisation seiner Gewerkschaften in energischer

Geschicklichkeit vorging; einige Tage vor dem socialistischen Arbeiter=
congreß kam noch eine Versammlung von berliner Maschinenbauarbeitern
zusammen, in welcher Max Hirsch zuerst seine Pläne entwickelte. Er
ist das, was man einen guten Menschen, aber einen schlechten Musikanten
nennt; er meint es ohne Frage treu mit den Arbeitern, viel treuer
als die socialistischen Agitatoren, aber er ist auch ein ehrgeiziger Kopf,
und ehrgeizige Köpfe haben heut' zu Tage eine so weite Laufbahn
im öffentlichen Leben vor sich, daß sie just nicht gezwungen sind, aus
der brennendsten Frage des Jahrhunderts die Scheite zu greifen, mit
denen sie die eigene Größe beleuchten. Was er in jener Versammlung
sagte, das klang Alles sehr hübsch, aber es war auch sehr inhaltlos
und sein Ehrgeiz trug die grünen Farben nicht der Hoffnung, aber
der Unreife. Er rief, Schweitzer wolle die Fackel der Zwietracht am
Feuer der Eintracht nähren; der Meißel in der Hand des Künstlers
bringe ein Götterbild, in der Hand des Ungeschickten einen unförmlichen
Kloß hervor; die Gewerkvereinsbildung müsse naturwüchsig von unten
nach oben wachsen. Sehr richtig, wenn nur Max Hirsch das Wort
hätte zur That werden lassen, und wer hatte ihm denn das Künstler=
diplom verliehen, wenn nicht die Tagesvelleitäten einer politischen
Partei? Auch Schulze=Delitzsch wohnte der Versammlung bei; der
ehrliche Arbeiterfreund war nur mit halbem Herzen bei der Sache,
und bekanntlich ist nicht er, sondern Franz Duncker es gewesen, welcher
die schützende Hecke seines parlamentarischen Rufes um die jung
sprossenden Lorbeeren von Max Hirsch zog. Schulze=Delitzsch sprach
mehr gegen Schweitzer, als für Hirsch; in der Hitze der Debatte
entfuhr ihm das Scheltwort von den „müßigen Schwätzereien unnützer
Buben;“ es war eitel Narrethei, als die Socialisten über das schnelle
Wort des verdienten Mannes, den sie mehr als jeden andern in
den Koth zu ziehen sich bemüht hatten, in endloses Gezeter ausbrachen,
aber zu jener Zeit der hochgespannten Gegensätze in der berliner
Arbeiterwelt wäre es wohl besser ungesprochen geblieben. Schließlich
einigte sich die Versammlung dahin, zwölf Mitglieder aus ihrer
Mitte zu wählen, welche unter der Führung von Max Hirsch als
Deputirte der berliner Maschinenbauer dem Schweitzerschen Congresse
beiwohnen und ihn in das Fahrwasser der fortschrittlichen Gewerk=
vereinsbewegung zu leiten versuchen sollten.

Diese Versammlung fand dann am 27. September statt. Sie
war von etwa 200 Delegirten besucht, die angeblich 140,000 Arbeiter

vertraten; die Zahl ist wohl stark übertrieben, aber jedenfalls war dieser Congreß die erste große Demonstration der Socialdemokratie in Berlin. Max Hirsch mit seiner kleinen Schaar gelangte gar nicht zum wirksamen Auftreten. Kaum begann er seine Ideen zu entwickeln, als ein so großer Tumult entstand, daß der Vorsitzende Tölcke, der hier zum ersten male seinen localhistorischen Knüppel producirte, die Versammlung provisorisch schließen mußte; als sich die hochgehenden Wogen etwas beruhigt hatten, faßte man eine Resolution, welche die Deputation der Maschinenbauer ersuchte, sich zu entfernen, da sie „lediglich erschienen seien, um im Interesse der Capitalisten Unfrieden und Störung unter den Arbeitern zu verursachen." Max Hirsch und seine Getreuen weigerten sich; sie wurden dann tumultuarisch hinausgedrängt. Sie gründeten sofort einen Sondercongreß, der, viel schwächer besucht als der socialistische, die Bildung der ersten fortschrittlichen Gewerkvereine ins Leben rief. Schweitzer seinerseits brachte nach Beseitigung dieses Hindernisses seine Pläne schnell ins Reine. Er hatte Organisation und Statuten bis ins kleinste Detail ausgearbeitet; in viertägigen Verhandlungen wurde Alles glatt abgewickelt. Natürlich behielt er auch hier die dictatorische Oberleitung bei. Jede Gewerkschaft sollte durch ganz Deutschland hin ein geschlossenes Ganze mit besonderem Vorstand bilden; aus diesen Vorständen setzte sich in Berlin der „Gewerkschaftsverband" zusammen, der wieder in ein dreiköpfiges Präsidium auslief, in welches Schweitzer, Fritzsche und ein namenloser Dritter gewählt wurden. Eine Reihe von Gewerkschaften constituirte sich sofort; die Berg- und Hüttenleute, Metallarbeiter, Färber, Weber und Manufactur- arbeiter, Schuhmacher, Bäcker, Buchbinder, Schneider, Holzarbeiter, Maurer, Zimmerer u. s. w. Zu einigem Zwiste gaben noch die Versuche Anlaß, den schon bestehenden Buchdruckerverband in die Organisation einzufügen; man bot seinem Vertreter Smalian sogar einen Sitz im Präsidium an, aber er lehnte die Wahl ab und mußte sich arge Dinge darüber sagen lassen, daß die Buchdrucker die „Aristokraten" unter den Arbeitern spielen wollten. Schweitzer schloß den Congreß mit einer Rede, welche ein merkwürdiges Beispiel jener eigenen Mischung von Schmeichelei und Tyrannei war, mit welcher der seltsame Mann die Seelen der Arbeiter zu berücken wußte.

Von diesen Herbsttagen datirt die Gewerkvereinsbewegung in Deutschland; die Fortschrittler und Lassalleaner begannen sie zu gleicher Zeit; bald kamen als dritter Factor die internationalen Communisten hinzu. Sie hat ihre besondere Geschichte für sich, die sich heute leider noch nicht einmal in den rohesten Umrissen schreiben läßt. Es fehlt an allem zuverlässigen Material; auch Rudolf Meyers emsiger Sammlerfleiß hat es kaum zu den dürftigsten Anfängen einer Statistik gebracht. Von den Kathedersocialisten ist gelegentlich der Wunsch ausgesprochen worden, das statistische Amt möge sich dieser Aufgabe annehmen, die keine private Forschung zu lösen vermag. Man kann diesen Wunsch aufs Lebhafteste unterstützen, ohne deshalb seine Motive zu theilen. Es ist oder es war ein verhängnißvoller Irrthum jener Schule, daß sie in der Gewerkschaftsbewegung, so wie sie in Deutschland entstanden ist und sich entwickelt hat, die Elemente zu einer gesunden Fortentwicklung unserer Arbeiterverhältnisse erblickte. Die deutschen Gewerkvereine sind keine Trades-Unions, weder in ihrem Ursprung, noch in ihrem Wesen, noch in ihren Erfolgen; sie sind eben nicht „naturwüchsig von unten nach oben entstanden." Ludwig Bamberger trifft in seinem Buche über die Arbeiterfrage den Nagel auf den Kopf, wenn er sagt: „Das Grundübel unserer speciellen deutschen Gewerkvereine sitzt in ihrem politischen Ursprung. Partei= interesse hat sie ins Leben gerufen und nach dem oft angewandten Satze bleibt das Princip des Ursprungs auch das Princip der Erhaltung. Und nicht blos das: ganz von selbst, wie sich die politische Tendenz der Pflege der Institution, so widmet sich die Institution wiederum der Pflege der politischen Tendenz." Das ist in der That der springende Punkt; es bleibt charakteristisch, daß der weitaus bedeutendste und erfolgreichste der deutschen Gewerkvereine der aus sich selbst, ohne jede Beihülfe höherer Intelligenz allein zur Förderung seiner Fachinteressen entstandene Buchdruckerverband ist.

Bekanntlich ist der politische Charakter der Gewerkvereine namentlich von fortschrittlicher Seite aufs Heftigste bestritten worden, allein ohne wirklichen Erfolg. Fast jede Nummer des „Gewerk= vereins" bestätigt die Behauptung Bambergers; in seinen Spalten wird eben so, wenn auch mit mehr Anstand und Maß, so doch kaum minder verhüllt, Parteipolitik getrieben, wie in der communistischen Presse. In einem unbewachten Augenblicke hat es Franz Duncker auch October 1873 vor seinen berliner Wählern ausgesprochen, daß er sich an der Gründung der Gewerkvereine einzig und allein betheiligt habe, um die Arbeiter nicht von der Fortschrittspartei zu Schweitzer übergehen zu lassen, eine Naivetät, die ihm den gellenden Hohn des „Volksstaat" eintrug. Das heißt in der That, den Teufel durch Beelzebub vertreiben; das heißt, um den Gegner am Werben von Rekruten zu hindern, ihm gleich die gedrillten Soldaten zuführen. Auf der einen Seite von der „Harmonie zwischen Capital und Arbeit" sprechen, auf der anderen Seite Gewerk=, das heißt im letzten Grunde Strikevereine gründen, das ist denn freilich eine Harmonie, wie wenn eine Husarenschwadron über den Töpfermarkt jagt. Bekanntlich hat die brutale Logik der Thatsachen die unbequeme Gewohnheit, durch allen Phrasengoldschaum unwiderstehlich durchzuschlagen, und so waren es denn grade die Hirsch=Dunckerschen Gewerkvereine, welche kaum ein Jahr nach ihrem Entstehen die erste große Arbeitseinstellung ins Leben riefen. Wer Max Hirsch nachgesagt hat, daß er den Waldenburger Strike leichtfertig provocirt habe, der hat ihm schwerstes Unrecht gethan; er hat im Gegentheil all das Elend vorhergesehen und sich mit Händen und Füßen dagegen gesträubt, aber ihn trifft der kaum minder gewichtige Vorwurf, Geister citirt zu haben, die er so wenig persönlich, wie principiell zu bannen vermochte. Als in kürzester Frist Jammer und Noth über die 7—8000 strikenden Arbeiter hereinbrach, wandte er sich, bezeichnend genug, an die Fortschritts= partei um Hülfe, die denn auch 36,000 Thlr. zusammenbrachte, einen Tropfen auf einen heißen Stein. Der Strike mißglückte bekanntlich so vollständig, wie nur je einer in Deutschland mißglückt ist.

Dies „Grundübel" der deutschen Gewerkschaftsbewegung, der unheilbare Widerspruch, daß diese Vereine Arbeitergenossenschaften zum Schutz der Arbeiterinteressen und zugleich politische Stützen einer politischen Partei sein sollen, diese Interessenpolitik schlimmster Art muß auf die Dauer zur heillosesten Verwirrung, oder mit anderen Worten zum Communismus führen. Dies trifft zu auf die socialistischen Gewerkschaften eben so, wie auf die fortschrittlichen Gewerkvereine, nur mit dem kleinen Unterschiede, daß jene schieben und diese geschoben werden; daß jene von Schweitzer mit vollem Bewußtsein der Folgen gebildet, während diese von Hirsch in genau entgegengesetzter Tendenz begründet wurden. Dies „Grundübel" erklärt es ferner, weshalb diese deutschen Vereine nicht entfernt die Großartigkeit der englischen Trades=Unions erreicht; weshalb, wenn sie auch manchen, und selbst manchen großen Strike durchfochten, durch die Gunst der Zeitumstände getragen, sie doch niemals jene zähe Geduld in Anhäufung riesiger

6*

Geldmittel zur Vorbereitung, jene umsichtige Wahl des Moments zur Einleitung, jene eiserne Energie zur Durchführung der Strikes bewährt haben wie jene; weshalb sie mit einem Worte keine modernen Arbeitergilden, sondern Werbebureaux des Socialismus geworden sind, Rekrutenexercirplätze sowohl, wie Landwehrdepots der streitenden Armee des communistischen Zukunftsstaats. Die Gewerkschaftsbewegung ist die unerschöpflichste Nährquelle des Communismus geworden; auf diesem Wege erst hat er sich tief und unausrottbar in die deutsche Arbeiterwelt eingefressen. Und deshalb ist es so sehr zu bedauern, daß der Spatenstich der Statistik erst so wenig von diesen unter-irdischen Maulwurfsgängen aufgedeckt hat.

Schweitzer hatte mit dem Gewerkschaftscongresse einen Höhepunkt seiner Macht erreicht; es kam zunächst ein kleiner Rückschlag, hervor-gerufen zumeist dadurch, daß er den Bogen allzu straff spannte. Fast alle Macht der Partei vereinigte sich in seiner Hand; er war so gut wie unumschränkter Gebieter des Vereins und des Gewerkschafts-verbandes; er war auch maßgebender Redacteur des Parteiorgans. Aber Herr v. Hofstetten war Mitbesitzer des „Socialdemokrat," zu dem er fast allein das Geld gegeben hatte; das genirte Schweitzer, und durch eine höchst unsaubere Intrigue gelang es ihm, seinen Freund und Collegen auf die Straße zu werfen und sich selbst in den Alleinbesitz des Blattes zu bringen. Zu seinem Unterredacteur machte er einen jungen Polytechniker, der dazumal an der berliner Universität studirte und noch nach dem Kriege von 1866 auf Studenten-versammlungen durch drastische Beredtsamkeit im nationalliberalen Sinne sich hervorgethan hatte. Er hieß Wilhelm Hasselmann. Er war ein Opfer der Broschüren Lassalles geworden, einer akademischen Krankheit, welche vor zehn Jahren viel seltener grassirte als heut zu Tage. Er hatte etwas Frisches, Keckes; die Arbeiter sahen ihn gern und nannten ihn „den langen Studenten"; auch hielt er es damals eines zukünftigen Häuptlings der rothen Republik noch nicht für unwürdig, mit heilem Rocke und reinem Hembe sich auf der Straße zu zeigen. Er schrieb viel populärer und schärfer, als der arme Phantast Hofstetten, der, nachdem er sich in der unglaublichsten Weise hatte nasführen lassen, doch endlich durch das unwiderstehliche Factum seiner Depossedirung zur Besinnung gekommen war und nun einiges Lamento erhob, das im Verein ein gewisses Echo fand.

Die große Masse der Arbeiter zwar hing Schweitzer in unver=
wüstlicher Treue an, aber unter der „Aristokratie" des Vereins,
unter den „Führern" zweiten und dritten Ranges, unter den Halb=,
Viertel= und Achtelintelligenzen, welche seine Alleinherrschaft überhaupt
nur mit Murren ertragen hatten, war ein gewisser Zündstoff vorhanden,
der nur des richtigen Zünders harrte, um zu explodiren. Die Affaire
Hofstetten an sich reichte dazu nicht aus, aber da war noch die
Agitation der Internationalen, die weit bessere Chancen bot. Bebel
und Liebknecht hatten in gewohnter Weise weiter gewühlt; sie hatten
nach Oesterreich und nach der Schweiz ihre Fäden gesponnen, natürlich
auch ununterbrochen gearbeitet, die beiden Fractionen des allgemeinen
deutschen Arbeitervereins zu sprengen. In Sachsen bedrängten sie
hart die weibliche Linie, indeß noch ohne entscheidenden Erfolg: sie
mußten vielmehr um diese Zeit das Herzeleid erleben, daß der Haß=
feldtsche Präsident Fritz Mende, ein Advocatenschreiber und Mignon
der Gräfin, in einer Nachwahl von der Stadt Freiberg in den
Reichstag geschickt wurde, weitaus die widerwärtigste Carricatur,
welche je diese erlauchte Versammlung verunziert hat. Viel wüthender
bekämpften sie Schweitzer, der ihre kindische Beschuldigung, daß er
ein bestochener Regierungsagent sei, mit der wo möglich noch alberneren
Verleumdung erwiderte, Liebknecht sei ein österreichischer Spion und
Bebel erhalte Geld von den Depossedirten. Dann kam Liebknecht
wieder mit seinen Versöhnungsversuchen; er reiste nach Berlin und
bot Schweitzer an, den Generalrath der Internationalen, das heißt
Karl Marx, zum Schiedsrichter ihrer Streitigkeiten zu machen.
Natürlich wies der „Verräther" diesen Act wahnsinnigen Selbstmordes
mit Hohnlachen ab und der deutsche Apostel der Internationalen fuhr
schnaubend von dannen. Es scheint indeß, daß er in diesem Winter
von 1868 auf 1869 die ersten Schritte in das Lager des Todfeindes
gethan, die ersten Verbindungen mit der unzufriedenen „Aristokratie"
angeknüpft habe; sonst ist es schwer erklärlich, wie er urplötzlich
Schweitzer den seltsamen Vorschlag machen konnte, derselbe solle ihm
und Bebel auf der nächsten Generalversammlung des Vereins freie Rede
gestatten, damit sie ihn anklagen könnten, daß er systematisch die deutschen
Arbeiter zu spalten suche und im Dienste des preußischen Junkerthums
stehe. Schweitzer, in übermüthiger Siegeszuversicht, sagte zu.

Diese Generalversammlung fand am 18. März 1869 zu Barmen
statt. Sie war von 56 Delegirten besucht, den Vertrauensmännern

der localen Gemeinden; natürlich war unter ihnen die „Aristokratie" zahlreich vertreten. Bebel und Liebknecht einer=, Herr v. Hofstetten anderseits wuschen die schmutzige Wäsche Schweitzers mit einer Gründ= lichkeit, welche heute natürlich nicht das geringste Interesse mehr bietet; nach heftigem Gezänk ertheilten 46 Delegirte dem Vereins= präsidenten ein Vertrauensvotum, während 12 sich der Abstimmung enthielten. War dies Resultat für einen absoluten Dictator schon eine etwas bittere Pille, so verwandelte sich der Pyrrhussieg in eine vollständige Niederlage, als die Generalversammlung des Weiteren beschloß, der über ganz Deutschland hin verstreute Vereinsvorstand von 24 Mitgliedern solle auf 12 Personen reducirt und an einem Orte, zunächst in Hamburg, concentrirt werden. Das hieß, den Dictator zum gehorsamen Beamten einer Oligarchie degradiren. Schweitzer machte gute Miene zum bösen Spiele; er „versöhnte" sich sogar endlich mit Liebknecht; Beide versprachen, sich künftig in Ruhe zu lassen und friedlich neben einander ihrer Beschäftigung zu leben, andere Leute in Unfrieden zu bringen.

Zunächst gingen sie nach Berlin zum Reichstage, wo in dieser Session auch die Fraction Schweitzer um ein Mitglied vermehrt auftrat; der Lohgerber Hasenclever aus Halver war in einer Nachwahl zu Duisburg gewählt. Es saßen jetzt sieben Socialdemokraten in der Versammlung, gespalten in drei Fractionen; die drei Schweitzerianer waren sämmtlich im Regierungsbezirke Düsseldorf, der zweiten Heimat Lassalles, gewählt; die anderen vier, Försterling und Mende, Bebel und Liebknecht, kamen aus dem Königreiche Sachsen. Präsident Mende documentirte seine Auffassung des legislatorischen Berufs dadurch, daß er, während die Fraction Schweitzer im Reichstage saß, in ihren Wahlkreisen herumputschte; in München=Gladbach richtete er am 24. April einen großartigen Krawall an, wurde verhaftet und nach Düsseldorf abgeführt. Schweitzer begründete sofort in einer fulminanten Rede den Antrag, daß das kostbare Mitglied augenblicklich reclamirt werden müsse, was denn auch nach mehrmaligen Debatten, Commissions= berathungen, endlosem Hin= und Hertelegraphiren geschah. Damit hatte sich Schweitzer die weibliche Linie verpflichtet und die Scharte von Barmen einigermaßen wett gemacht. Dann aber betheiligte er sich mit seinen beiden engeren Genossen aufs Fleißigste an der Berathung der Gewerbeordnung; die lange Rede, welche er in der Generaldebatte hielt, ist bisher die beste parlamentarische Leistung der

Socialdemokratie. Seine Forderungen waren verhältnißmäßig gering und klug berechnet auf weite Arbeiterkreise; er verlangte gesetzliche Regelung des Genossenschaftswesens; einen zwölfstündigen Normal= arbeitstag für Männer, einen zehnstündigen für Frauen: Arbeits= verbot für Kinder unter vierzehn, statt unter zwölf Jahren; eine fortlaufende Statistik über Arbeiterverhältnisse. Er hat nicht diese Forderungen, aber einzelne kleine Amendements durchgesetzt, wobei ihm Fritzsche und Hasenclever secundirten. Bebel, der sich bei diesen Debatten zum ersten male offen als Socialdemokrat bekannte, sprach einige male, aber Unbedeutenderes; Liebknecht schwieg ganz. Was ging ihn die Gewerbeordnung an? Försterling und Mende waren überhaupt zu dumm, um auch nur triviales Zeug über concrete Gesetzesparagraphen zu sprechen.

So hatte sich Schweitzer wieder als der eifrigste und tüchtigste Führer bewährt. Kaum war der Reichstag im Juni geschlossen, als er mit den barmer Rebellen abrechnete. Er erließ eine Proclamation, in welcher er von der „Aristokratie" des Vereins an das „souveräne Volk" appellirte; durch Urabstimmung in allen Gemeinden wurden mit ungeheurer Majorität die Beschlüsse der letzten Generalversammlung umgestürzt und der alte Zustand wieder hergestellt. Zugleich verschmolzen sich die männliche und die weibliche Linie Mende übernahm provisorisch das Präsidium, bis vierzehn Tage später Schweitzer nahezu einstimmig durch Urabstimmung definitiv gewählt wurde. Bebel und Liebknecht wurden wegen ihres „notorischen Verraths an der Arbeiter= sache" für unwürdig erklärt, jemals wieder in einer Arbeiterversammlung zu erscheinen. So war der kecke Husarenstreich von Barmen durch einen keckeren wett gemacht. Der Staatsstreich gelang glänzend; nur ein geringer Theil der Mitglieder fiel ab; die namhaftesten unter ihnen waren der Holzarbeiter York in Harburg, der noch mit Lassalle zusammen den Verein begründet hatte, der Lehrer Spier in Wolfenbüttel und der Kaufmann Bracke zu Braunschweig.

Bebel und Liebknecht waren aufs Aeußerste bestürzt, aber sie sahen schnell genug ein, daß alle ihre bisherigen Erfolge in Frage ständen, wenn sie nicht der neu gesammelten und stark vermehrten Kraft des Gegners auch ihrerseits eine starke Organisation entgegen= stellten. So beriefen sie denn in Gemeinschaft mit den abgefallenen Mitgliedern des Schweitzerschen Vereins, der genfer Section der

Internationalen, österreichischen und schweizerischen Arbeitervereinen ꝛc. einen Congreß zum 7. August nach Eisenach behufs Constituirung einer socialdemokratischen Arbeiterpartei.

X.

Noch hoffte Schweitzer, das Beginnen seiner communistischen Gegner hindern zu können; er beschickte den eisenacher Congreß, der zur festgesetzten Zeit stattfand, durch Delegirte seines Vereins, aber sie vermochten die Versammlung nur zu sprengen, nicht sie in das gewünschte Fahrwasser zu leiten. Die Internationalen oder, wie sie sich im Unterschiede von den „Regierungssocialisten" nannten und bald auch von diesen selbst spottweise genannt wurden, die „Ehrlichen", constituirten sich in einem anderen Locale und brachten glücklich die Bildung der neuen Partei zu Stande.

Es waren noch immer sehr disparate und wunderliche Elemente, die da zusammenrannten, und so war es nicht eben zu verwundern, daß sie kein allzu harmonisches Werk zu Stande brachten. Den eigentlichen Stock bildete der Arbeiterverband Bebels, der am Tage vor dem socialdemokratischen Congresse seine letzte Versammlung hielt und sich dann zu Gunsten desselben auflöste; er umfaßte 10,000 Arbeiter. Dazu kamen die abgefallenen Mitglieder des allgemeinen deutschen Arbeitervereins; an Zahl gering, konnten sie bei den Abstimmungen kein entscheidendes Gewicht in die Waagschale werfen, aber aus naheliegenden Gründen waren sie besonders penibel zu behandeln und erheischten große Rück- und Vorsicht. Stärker als die preußischen waren die österreichischen und schweizerischen Arbeiter vertreten; Liebknecht fungirte als Mandatar von sechstausend wiener Schneidern und im Präsidium saßen der Oesterreicher Oberwinder und der Schweizer Quick. Natürlich machten sich großdeutsch-particularistische Tendenzen gewaltig breit und auch die Volkspartei rührte noch immer mit in dem Brei herum; selbst Ladendorf wohnte dem Congresse bei in der kindlichen Hoffnung, den entstehenden Communismus als bequemes und nach dem Siege leicht zu beseitigendes Werkzeug zur Verwirklichung seines glühenden Lebenstraumes, der deutschen Republik, benutzen zu können. Alles in Allem vertraten die 262 Delegirten angeblich gegen 150,000 Arbeiter.

Das eisenacher Programm ist eine äußerliche Zusammenkoppelung des chemnitzer und des nürnberger Programms, der volksparteilichen und der communistischen Principien. Es spricht zunächst die bekannten Grundsätze der Internationalen aus und specificirt dann als „nächste Forderungen" zehn Punkte vorwiegend politischen Inhalts, als da sind: allgemeines Wahlrecht an alle Männer (wohlgemerkt noch nicht Menschen!) vom 20. Jahre ab in Staat und Gemeinde; directe Gesetzgebung durch das Volk; Volkswehr; unentgeltlicher Unterricht ꝛc. An socialistische Forderungen klingen an: Einführung des Normal-arbeitstages; Einschränkung der Frauen- und Verbot der Kinderarbeit; Abschaffung aller indirecten Steuern zu Gunsten einer einzigen, directen progressiven Einkommen- und Erbschaftssteuer; endlich — ein Köder für die Anhänger Schweitzers — staatliche Förderung des Genossenschaftswesens und Staatscredit für freie Productivgenossen-schaften unter demokratischen Garantien. Liebknecht war sich voll-kommen bewußt, daß auch dies Programm nur ein Provisorium sein konnte und sein sollte, oder — so tröstete er sich in einem vertraulichen Schreiben an Bonhorst — „in unserem Programm stecken die letzten Consequenzen des Communismus."

Die Organisation der „socialdemokratischen Arbeiterpartei" war grundverschieden von derjenigen, welche Lassalle seinem Vereine gegeben hatte. Allerdings mehr in der äußeren Form als im inneren Wesen, denn im letzten Grunde waren Marx und Liebknecht nicht minder Dictatoren, wie nur je Lassalle und Schweitzer. Für die Leitung der Partei wurden mehre Organe geschaffen, die sich gegen-seitig controliren und im Gleichgewichte halten sollten. Zunächst die Parteizeitung, zu welcher das „demokratische Wochenblatt" unter dem Titel „Volksstaat" avancirte; sie sollte ihren ständigen Sitz in Leipzig und Liebknecht zum Redacteur haben. Weiter sollte an einem anderen Orte ein Ausschuß die laufende Verwaltung erledigen und die principielle Haltung des Blattes überwachen; über dem Ausschusse stand, wieder an einem anderen Orte, die Controlcommission, als letzte Instanz fungirte der Parteicongreß. Diese drei Gewalten erneuerten sich von Jahr zu Jahr; so war es natürlich, daß der Schwerpunkt der Partei mehr und mehr dahin fiel, wo das einzig Bleibende im Wechsel war, in die Redaction des Parteiorgans, d. h. in die Hände von Liebknecht oder noch genauer von Marx, der bei dieser anscheinenden Decentralisation die leitenden Fäden viel bequemer und viel sicherer hielt. Dabei war einerseits das demokratische Princip aufs Trefflichste gewahrt und anderseits verpufften die ehr= geizigen Nergeleien der „Aristokraten", und „Intelligenzen" viel harmloser und unschäblicher.

Namentlich in letzterer Beziehung erwies sich die Nothwendigkeit dieser Organisation noch schärfer und bewährte sich noch trefflicher, als in ersterer. Der beste Inhalt von Lassalles socialistischer Theorie war jener ideale Traum gewesen von dem welterlösenden Bündnisse der höchsten Wissenschaft mit der elementaren Kraft der arbeitenden Klassen; die communistische Bewegung hat sich ganz im Gegentheile vorzugsweise rekrutirt aus jenen unerquicklichen Schichten unseres nationalen Lebens, die mitten inne liegen zwischen dem klaren Denken der gebildeten Minderheit und dem gesunden Menschenverstande der großen Masse; aus jenen Kreisen der Halbbildung, welche die häßlichste Kehrseite jeder hochgesteigerten Cultur ist. Auch an Lassalle hatten sich diese Elemente reichlich herangedrängt, aber er hatte sie immer noch, wenn auch mit großer Mühe, gebändigt und an Bahlteich ein strenges Exempel statuirt; von Schweitzer waren sie abgefallen, als es ihnen mißlang, die Autokratie des Geistes zu verdrängen durch die Oligarchie der Phrase. Andererseits war ihnen die knochenlose Gallerte jener „Volkspartei", in welche Liebknecht anfangs das communistische Gift einkapselte, immer ein bequemer Unterschlupf gewesen. In diesen vernebelnden Schwarmgeistern fand dann der Communismus seine besten Bahnbrecher und Pioniere. Auf dem eisenacher Congresse tauchten sie zahlreich auf, die Geib, Motteler, Walster, und sie haben sich dann in wuchernder Fülle vermehrt; Charaktere und Geister, einer wie der andere, von dem obersten Phrasenwellenschlage unserer geistigen Entwicklung flach und platt gespült, wie die Kiesel am Meeresstrande. Sie vor Allem haben der ganzen Bewegung jene aschgraue Einförmigkeit der tödtlichsten Langeweile gegeben, welche ihr genaueres Studium zu einer so unerträglichen Marter macht, aber ihr freilich dadurch auch eine um so ungestörtere Entwicklung gesichert hat. Dorfschulmeister, Kaufmanns= gehülfen, Advocatenschreiber, Leihbibliothekare — das sind die Stände, aus denen sie sich rekrutiren: ihr unveräußerlichstes Erbtheil ist der gänzliche Mangel an jeder geistigen und sittlichen Disciplin. Man lese nur einmal die Broschüre: „Unsere Schulen im Dienste wider die Freiheit", die irgend einer dieser Obscuren herausgegeben hat!

Niemals hat in der deutschen Literatur die banausische Frechheit schamloser Halbbildung ihr Banner unverfrorener entfaltet. Da werden unsere Gymnasien und Hochschulen geschildert als die Urquellen einer geistigen Pest; da wird die Kenntniß der alten Sprachen verflucht als die tödtlichste Aqua toffana mit welcher die Bourgeoisie und die Reaction das Volk vergifte. Das packendste argumentum ad hominem ist dann freilich, daß der Verfasser Charakter und Geist nur deshalb in ungetrübter Reinheit bewahrt hat, weil sie nie von dem leisesten Hauche jenes Giftes befleckt worden sind.

Für solche Elemente öffneten sich in der communistischen Partei die Pforten aller sieben Himmel. Hier war selbst die letzte Schranke dissoluter Geister, die Anhänglichkeit an das Vaterland, gefallen; in einem ungeheueren Nichts schwebten diese Seifenblasen von Menschen, ungehindert und ungestört von jedem Erdenreste. Es war denn auch charakteristisch, daß die formelle Leitung der Partei, obgleich sie eine Arbeiterpartei par excellence sein sollte, „Intelligenzen" anheimfiel. Die Controlcommission wurde nach Hamburg verlegt, wo der Leihbibliothekar Geib an ihre Spitze trat; der Ausschuß kam nach Braunschweig-Wolfenbüttel. Zu seinen Hauptmitgliedern gehörten der Techniker v. Bonhorst, ein „Verrungenirer" à la Heinzen und ·der jüdische Lehrer Spier, der erste jener talmudistischen Spintisirer, die, wie beispielsweise die jüdischen Theologen Karl Hirsch und Adolf Hepner, eine nicht unbedeutende Rolle in der Partei gespielt haben. Bedeutender und einflußreicher noch wie Bonhorst und Spier, war der Kaufmann Wilhelm Bracke, ein Schwarmgeist edlerer Art; ein begabter, wenn auch unklarer Kopf, ein ehrliches Gemüth, eine reine Seele. Er steht schon seit 1865 in der Bewegung und ist im Herzogthum Braunschweig ihr eigentlicher Schöpfer gewesen Er hat immer eine etwas vornehmere Sonderstellung unter seinen Genossen bewahrt und wohl nur die unausgesetzten Opfer, die er seiner Ueberzeugung gebracht hat, haben ihn jeweilig vor dem Schicksale der „Verräther" bewahrt. Wie Bebels, so ist auch Brackes Charakter unter dem wirrseligen Einflusse einer zehnjährigen Agitation wilder und wüster geworden, aber an sich gehört er zu den edelsten und lautersten Gestalten der Bewegung. Es giebt kaum eine Scene in der Geschichte der Partei, welche menschlich mehr anmuthete, als da im braunschweiger Processe der siebzigjährige Professor Aßmann vom Collegium Carolinum als Entlastungszeuge auftrat und über Bracke aussagte: „Er war einer meiner besten Schüler und zeichnete sich aus durch großen Eifer, seltene Begabung und gründliches Studiren. Ich bin fest überzeugt, daß er bei seinen Bestrebungen keine eigennützigen oder selbstsüchtigen Zwecke verfolgt; er meint es wohl mit den Arbeitern." Kurz nach Constituirung des Ausschusses kam Marx nach Deutschland hinüber; er fand die Trias Bonhorst, Spier, Bracke seinen Zwecken vollkommen entsprechend und ließ ihnen später durch Liebknecht sein gnädiges Wohlgefallen ausdrücken.

Eine Hauptmachenschaft des eisenacher Congresses war endlich, die Stellung der Partei zur Internationalen zu fixiren. Die deutschen Vereinsgesetze gestatteten keinen unmittelbaren Anschluß; so einigte man sich dahin, daß jedes Mitglied moralisch verpflichtet sei, auch Mitglied der Internationalen zu werden, und daß im Uebrigen die Partei sich geistig möglichst eng an die Tendenzen des großen Bundes anschließen solle. Der erste Beschluß ist im Wesentlichen resultatlos geblieben; Bebel hat gelegentlich constatirt, daß nicht tausend seiner Parteigenossen Mitgliedskarten der Internationalen gelöst hätten, und das ist wahrscheinlich vollkommen richtig. Dagegen ist der zweite Theil jener Resolution durchaus befolgt worden; schon von Eisenach aus deputirte man Liebknecht und Spier zu dem Congresse der Internationalen, der im Herbste 1869 zu Basel stattfand. Auf dieser Versammlung wurden gegen den heftigen Widerspruch der französischen Mitglieder die bekannten Beschlüsse gefaßt, welche das Erbrecht und das Privateigenthum an Grund und Boden für unzulässig erklärten. Nunmehr dämmerte endlich der Volkspartei, der fürnehmsten Pathin des deutschen Communismus, ein fatales Licht auf, allein es war zu spät. Liebknecht versuchte anfangs noch, zu vermitteln. Er schrieb October 1869 an Bornhorst: „Mein Wunsch ist, nicht vorzeitig mit der süddeutschen Volkspartei in Krakehl zu gerathen. Von Gera nach Nürnberg, von Nürnberg nach Eisenach ist schon ein rascher Vormarsch. Wartet noch ein wenig, dann sind die Leutchen schon im Stande, nach Basel zu marschiren. Aber jetzt noch nicht." Allein schon einen Monat später schrieb er an Bracke: „Die Volksparteiler verlangen ein Desavou der baseler Beschlüsse. Nimmermehr! Ich selbst bin Communist, also principiell mit den Beschlüssen einverstanden, bedauere aber aus praktischen Gründen, daß sie in dieser Form gefaßt worden sind. Die Grundeigenthumsfrage kann den Bauern nur nach und nach klar gemacht werden. Die Franzosen wußten,

was sie thaten, als sie auf dem baseler Congresse gegen die Abstim=
mung protestiren. Wir brauchen die Bauern nicht, um eine Revolution
zu machen, aber keine Revolution kann sich halten, wenn die Bauern
dagegen sind." Wieder einige Monate später, und Liebknecht ver=
öffentlichte seine Broschüre über die Grund= und Bodenfrage, in
welcher er mit rückhaltloser Begeisterung für das Princip der baseler
Beschlüsse eintritt. Nicht gar lange nachher schrieb der „Volksstaat"
der Volkspartei klipp und klar den Absagebrief: „Wir haben allerdings
kein Bedürfniß, mit Bourgeois Hand in Hand zu gehen, die mit
demokratischen Phrasen um sich werfen, mitunter auch in Milch= und
Wassersocialismus machen, aber im Grunde für die Beibehaltung der
heutigen Klassenherrschaft sind und daher jedem ernsthaften Versuche
zur Lösung der socialen Frage feindlich, ja gehässig entgegentreten."
Dank vom Haus Oesterreich!

Die glücklich gelungene Organisation des internationalen Com=
munismus übte doch einen gewissen Rückschlag auf die Stellung von
Schweitzer aus; die Concurrenz zwang ihn, weiter zu gehen, als sich
eigentlich mit seiner besonnenen und praktischen Natur vertrug; als
Liebknecht zögerte, die baseler Beschlüsse sans phrase anzunehmen,
erklärte Schweitzer seinerseits Jeden der an ihrer Richtigkeit zweifle,
für einen Verräther der Arbeitersache. Zudem mußte er bald nach
Gelingen seines Staatsstreichs eine mehrmonatliche Gefängnißstrafe
antreten; so konnte er anfangs nicht die errungenen Erfolge voll=
kommen ausnutzen. Die weibliche Linie löste sich bald wieder von
ihm los, um dann, Gott sei Dank! endlich eines langsamen Todes
zu verbleichen. Auch die bairischen Mitglieder des allgemeinen
deutschen Arbeitervereins fielen ab und constituirten sich zu einer
eigenen Partei mit dem „Proletarier" zu Augsburg als Organ;
nach einem Jahre schon schlossen sie sich an Liebknecht an.
Indeß alle diese Unfälle erschütterten doch kaum merklich die feste
Organisation, welche Schweitzer seinen Anhängern gegeben hatte; die
Gewerkschaften bewährten sich vollkommen in dem Sinne, in welchem
er sie gründete; eine Reihe erfolgreicher Strikes verschaffte ihm
namentlich in Berlin eine zuverlässige Garde, die sich täglich stärker
rekrutirte. Das Letzte zur völligen Beseitigung der inneren Wirrniß
that eine mehrmonatliche Agitationsreise, die Schweitzer selbst nach
seiner Entlassung aus dem Gefängnisse gegen Ende von 1869 durch
ganz Deutschland hin unternahm.

Während seiner Abwesenheit vollzog sich endlich die lange ersehnte Eroberung von Berlin. Noch schien die Fortschrittspartei unumschränkt in der Hauptstadt zu herrschen; merkwürdiger Weise waren es die Ultramontanen, welche zuerst zeigten, daß diese Herrschaft auf thönernen Füßen ruhte. Im Sommer 1869 war das Kloster zu Moabit gegründet worden, ein Vorgang, der bekanntlich zu allerlei kindischen Putschen führte. Dieselben verliefen natürlich im Sande, aber als nun der biedere Weißbierphilister sein belastetes Gemüth in den Bezirksvereinen durch die üblichen Resolutionen erleichtern wollte, wurde ihm dies harmlose Vergnügen in unbequemer Weise gestört. Fremde Gestalten tauchten auf, schier unheimlich anzusehen; sie störten die Debatten und vereitelten die Beschlüsse. Es waren immer dieselben, verhältnißmäßig nur wenige Leute, ein graubärtiger Mann leitete sie finster und schweigend, wie der Alte vom Berge. Aber es gelang ihnen, die geläufige Resolvirmaschine vollkommen ins Stocken zu bringen; die Socialdemokraten erkannten, daß die Frucht reifer sei, als sie gehofft hatten. Im Herbste trat der Landtag zusammen, und die Fortschrittspartei begann die bekannte Abrüstungsagitation; ihre parlamentarischen Führer beriefen auf den 7. November eine allgemeine Volksversammlung ins Concerthaus, um sich durch einige Resolutionen moralisch zu stärken. Noch schwankte Tölcke, der provisorische Leiter der berliner Socialdemokraten, ob er bei dieser Gelegenheit den großen Coup wagen solle; auf seine Anfrage telegraphirte Schweitzer lakonisch aus Dresden zurück: „Vorwärts!" Bei Eröffnung der Concerthaus-versammlung füllten Fortschrittler und Socialdemokraten den Saal in buntem Gemisch; bei der Präsidentenwahl ließ sich keine Einigung erzielen, ob Löwe (Calbe) oder Tölcke die Majorität erhalten habe. Es entstand rasender Lärm, wüthender Tumult; Drohworte und Handgreiflichkeiten flogen von einem Ende des weiten Saales bis zum andern. Schließlich mußte die Fortschrittspartei weichen, und Tölcke mit den Seinen behauptete das Feld.

Dieser Vorgang hat unendlich viel Staub aufgewirbelt und an sich mit Recht, denn auf das öffentliche Leben Berlins ist er von verhängnißvollstem Einflusse gewesen. Aber wie jedes Ding in der Welt, hat auch er seine zwei Seiten. Nicht fortschrittliche, sondern socialdemokratische Versammlungen sind — zu Lassalles Zeiten — zuerst in brutaler Weise gesprengt worden; wer einmal einen Conservativen oder Nationalliberalen oder Ultramontanen in berliner

Bezirksvereinen hat sprechen hören, der weiß auch, daß das rohe Niederschreien der Gegner keine socialdemokratische Erfindung ist. Ferner liegt ein unbestreitbarer Gran gesunden Menschenverstandes in der Forderung, daß, wenn eine allgemeine Versammlung des Volkes ohne Unterschied der Parteifarbe einberufen und ihr die Wahl des Bureaus übertragen wird, die thatsächliche Mehrheit zu entscheiden hat. Es ist nur gerecht, anzuerkennen, daß die Socialdemokraten niemals eine Versammlung gesprengt haben, deren Einberufer sich an eine bestimmte Parteischattirung wandten, und daß sie, wo ihr Recht der Majorität in allgemeinen Versammlungen anerkannt wurde, sich durchaus anständig und angemessen benommen haben. Das Spiel mit der großen Masse ist nun einmal ein gefährlich und zweischneidig Spiel; seine günstigen Chancen als ein Gottesurtheil zu proclamiren und gegen ungünstige Zufälle die Spieße und Stangen der Polizei zu Hülfe zu rufen, das ist weder consequent noch würdig. Selbst= verständlich sollen damit die Rohheiten, welche sich die Socialdemokraten bei solchen Anlässen gegen so würdige Männer wie Löwe (Calbe) haben zu Schulden kommen lassen, nicht im Geringsten beschönigt werden.

Schließlich war das ganze Weh und Ach aus einem Punkte zu curiren. Wäre damals noch in der Hauptstadt die politische Fort= schrittspartei am Ruder gewesen und nicht vielmehr schon der schwatz= selige Radicalismus des Weißbierphilisterthums, der Berlin nachgrade zum ärgsten Rottenborough des deutschen Reichs gemacht hat, dann wäre es nie so weit gekommen, wie es gekommen ist. Tausend energische und geschickte Leute hätten vollauf genügt, dem ganzen Spuk in seinem ersten Entstehen ein Ende zu machen. An Versuchen dazu hat es nicht gefehlt. Zum 28. November 1869 berief der fort= schrittliche Arbeiterverein eine neue Massenversammlung ins Universum behufs Besprechung der Concerthausschlacht. Es war Alles aufs Sorgsamste vorbereitet; der Arbeiterverein hatte großen Anhang unter den Maschinenbauern, die zu Zehntausenden die hamburger, oranien= burger, rosenthaler Vorstadt bevölkern, in deren Mitte das Universum liegt. Aber der Liebe Müh erwies sich umsonst; Tölcke siegte auch hier mit spielender Leichtigkeit; das Vereins= und Versammlungsrecht in Berlin war unwiderruflich zum Spielball der Socialdemokraten geworden. Eine dritte Hauptschlacht lieferte dann noch Schweitzer selbst. Von seiner Agitationsreise zurückgekehrt, berief er für den

18. Januar 1870 die Generalversammlung des Vereins nach Berlin; Alles erwies sich in bester Ordnung, und er konnte selbst die Fülle seiner dictatorischen Macht noch um Einiges vermehren, indem er alle Gewerkschaften zu einem „Allgemeinen Arbeiterunterstützungs= verband" verschmolz, an dessen Spitze natürlich er selbst als Präsident trat. Die Volksversammlung, die zwei Jahre früher zu Ehren des Congresses stattfand, war kaum von 200 Personen besucht gewesen; jetzt bot Schweitzer den Delegirten der Provinz ein ganz anderes Schauspiel. Grade in jenen Tagen luden die Landtagsabgeordneten der Louisenstadt, Runge und Joh. Jacoby, ihre Wähler behufs Rechenschaftslegung zu einer Versammlung in einen der größten Säle Berlins, in die „Linde" vor dem cottbuser Thore; als sie anlangten, fanden sie das Local Kopf an Kopf gedrängt voll, aber der Willkomms= gruß, der sie empfing, klang dünn und spärlich und wurde sofort von donnernden Hochs auf Schweitzer erstickt, der denn auch nach Eröffnung der Versammlung mit großer Mehrheit zum Präsidenten gewählt wurde. Runge und seine Anhänger verließen nach der Sitte der Fortschrittler sofort die Versammlung; Jacoby war ehrlich und logisch genug, die Antwort zu achten, die das souveräne Volk auf seine Anfrage gegeben hatte. Er blieb und sprach über „die Ziele der Arbeiterbewegung," in welcher Darlegung er sich zuerst halb und halb zur socialistischen Theorie bekannte und damit seine Wiederwahl in Berlin unmöglich machte. Beiläufig bemerkt, war die Rede vorher bis auf die letzte Silbe ausgearbeitet, so daß das Publicum, vor welchem sie gehalten wurde, nicht im Geringsten auf ihren Inhalt eingewirkt hat. Die Versammlung hörte den doctrinären Vortrag mit Anstand und Ruhe an; nachher resolvirte sie freilich, daß Jacoby manche socialistische Wahrheit in sich aufgenommen habe, aber leider auf halbem Wege stehen geblieben sei.

Das war das letzte Siegel auf Schweitzers Triumph; von nun an blieb seine Macht im Innern des Vereins so unangefochten, wie sie unumschränkt war. Die unaufhörlichen Attaken der Eisenacher schadeten ihm kaum unter seinen fanatisirten Anhängern; anderseits gelang es ihm trotz aller sonstigen Erfolge auch nicht, die communistische Organisation zu sprengen. Den letzten Versuch dazu machte er ver= gebens auf dem zweiten Congreß der „socialdemokratischen Arbeiter= partei," der vom 4. bis 7. Juni 1870 zu Stuttgart stattfand. Auf ihm wurde officiell die Zustimmung zu den baseler Beschlüssen der

Internationalen beschlossen; die „Leutchen" hatten in der That marschiren gelernt. Im Uebrigen erwies sich auch diese Partei als im Wesentlichen organisirt; sie musterte etwa 14,000 Mitglieder in gegen 200 Orten. Karl Hirsch gründete am 1. Juli schon das erste Localblatt, den „Bürger= und Bauernfreund" in Crimmitschau. Schweitzer hatte bereits am 1. April im „Agitator" eine Filiale des „Socialdemokrat," ein Agitationsmittel für die ärmsten Arbeiterklassen geschaffen.

So waren beide Fractionen der deutschen Socialdemokratie in langsamem, aber stetem Gedeihen, als ein Wetter über sie hereinbrach, das die Bewegung bis auf die letzten Spuren von deutscher Erde zu schwemmen schien. Es war der Krieg von 1870.

XI.

1870 wirkte genau umgekehrt wie 1866 auf die Entwicklung der deutschen Socialdemokratie. Während damals die innere Staats= umwälzung allen Haß und alle Zwietracht bis in ihre Grundtiefen aufgewühlt hatte, schmolz jetzt die äußere Gefahr Aller Herzen zu= sammen in dem einen gemeinsamen Gefühle der Vaterlandsliebe. Keine Partei, wie schroff sie immer dem Bestehenden in Staat und Gesellschaft gegenübertrat, konnte sich dieser elementaren Strömung entziehen. Die socialistische Propaganda war vollkommen lahm gelegt und in die organisirten Reihen der Partei riß die nationale Be= geisterung breite und tiefe Lücken.

Schweitzer und sein Verein thaten das Klügste, was sich unter diesen Umständen überhaupt thun ließ; sie schwammen mit ·dem gewaltigen Strome, worauf sie ohnehin die Traditionen Lassalles hinwiesen. Anders die communistische Fraction. In ihr kam es zunächst zu einem heftigen Zwiespalte, der ihre kaum gesicherte Existenz aufs Neue in Frage zu stellen drohte. Bebel und Liebknecht enthielten sich der Abstimmung, als im norddeutschen Reichstage die Kriegs= anleihe bewilligt wurde; sie gaben ein schriftliches Votum zu Protokoll, worin sie ausführten, daß eine Bewilligung der Geldmittel ein Vertrauensvotum für die preußische Regierung wäre, die durch ihr Vorgehen im Jahre 1866 den gegenwärtigen Krieg vorbereitet habe, eine Verweigerung aber als Billigung der frevelhaften und verbrecherischen Politik Bonaparte's aufgefaßt werden könnte. Mit dieser Haltung war der braunschweig=wolfenbütteler Ausschuß, dessen Mandat vom

7

stuttgarter Congresse auf ein Jahr verlängert worden war, keineswegs
einverstanden. Bracke sprach die sehr verständige Ansicht aus, daß,
wenn sich die socialdemokratische Agitation der nationalen Bewegung
entgegenstemme, sie vollends werde von derselben verschlungen worden;
er erließ mit seinen Collegen vom Ausschusse am 24. Juli ein Mani=
fest an die Partei, das an sich confuse, doch an vielen Stellen
patriotische Hingebung athmet. Natürlich reizte das Liebknechts
höchsten Zorn, und er beschwerte sich bei Geib, dem Vorsitzenden
der Controlcommission, dem gegenüber sich Bracke wiederum recht
verständig vertheidigte. Er schrieb: „Ist das Uebermaß von National=
gefühl, wie das Uebermaß von Particularismus zu tadeln, so ist's
ein Gleiches mit dem Uebermaße von Kosmopolitismus. Alle drei
Dinge sind berechtigt, und es muß eben die nöthige Harmonie zwischen
ihnen hergestellt werden ... Bebel und Liebknecht haben uns die Herzen
entfremdet. Fährt Liebknecht in dieser Weise fort, so haben wir am
Ende des Krieges noch ein Dutzend eingefleischter Socialrepublikaner
und ein Anzahl Sachsen, die ihres Particularismus wegen die
internationale, fern liegende Idee weit lieber haben, als die nahe
liegende, ihnen aber von 1866 her ihres schwarz=weißen Gewandes
wegen widerlich gewordene nationale.“ Eine Prophezeiung, die
im Großen und Ganzen durchaus eingetroffen ist.

Es gelang der Controlcommission nicht, die Differenz zwischen
dem Parteiausschusse und dem Parteiorgane beizulegen; im Gegen=
theil gewann dieselbe bis zum Tage von Sedan bedenklich an Schärfe.
Dabei zeigte sich, daß die Dictatur Liebknecht factisch kaum minder
vorhanden war, wie die Dictatur Schweitzer; nicht die höheren In=
stanzen, sondern der „Volksstaat“ bestimmte die Richtung der Partei=
politik; am 1. September schrieb Bracke resignirt an Geib von der
„Monarchie Liebknecht und den Strohpuppen“, welche die Ausschuß=
mitglieder darstellten. Man hatte sich schließlich geeinigt, Marx zum
Schiedsrichter aufzurufen; der nahm selbstverständlich die Partei
Liebknechts und erklärte sich in einem fulminanten Schreiben für
den Frieden mit Frankreich und gegen die Annexion von Elsaß=
Lothringen. Er rieth zu großartigen Arbeiterversammlungen, die in
diesem Sinne Resolutionen fassen sollten; „ich fürchte,“ schrieb er, „die
Sch..... und N..... werden ihr tolles Spiel ungehindert treiben, ·
wenn die deutsche Arbeiterkasse nicht en masse ihre Stimme erhebt.“
Gleichzeitig mit diesem Briefe kamen die Nachrichten von Sedan,
von der Proclamirung der Republik in Paris nach Deutschland, und

Bracke's enthusiastisches Gemüth hatte nun ein gleißenderes Spiel-
zeug, als die ernste Sorge war, welche bei dieser neuen Wendung
der Dinge alle patriotischen Herzen bewegte. Am 5. September erließ
der Ausschuß ein neues, weitschweifiges Manifest, in welchem er zu
Massenkundgebungen des Volkes „für einen ehrenvollen Frieden mit
der französischen Republik und gegen die Annexion von Elsaß-Lothringen"
aufforderte; ein großer Theil des Marx'schen Briefes war dem Auf-
rufe eingeflochten. Liebknecht schrieb versöhnt aus Leipzig: „In der
Hauptsache ist der Nagel auf den Kopf getroffen. Hurrah!" Bedenk-
licher äußerte sich Karl Hirsch in Crimmitschau: „Ich bin mit dem
Grundgedanken eures Manifestes nicht einverstanden. Ihr steckt die
rothe Fahne heraus; man wird uns todtschlagen wie tolle Hunde,
und man wird dazu noch Recht haben, wenn wir so ungeschickt vorgehen. Im besten Falle steckt man uns unter dem Beifalle von ganz
Deutschland, incl. Elsaß und Lothringen, ins Loch bis nach dem
Kriege und noch länger. — In dem Manifeste stecken gern fünf bis
zehn Jahre Spinnen. Die „Schurken und Narren" wagt entweder
ganz auszusprechen oder streicht die Anfangsbuchstaben." Der Warner
wurde als „Angstmichel" verlacht.

Wenige Tage später, am 9. September, früh Morgens, wurden
auf Befehl des Generalgouverneurs der Küstenlande, Vogel v. Falken-
stein, die Mitglieder des Ausschusses verhaftet, Bracke, v. Bonhorst
in Braunschweig, Spier in Wolfenbüttel, daneben noch einige Unbedeutendere. Sie wurden in Ketten nach der Veste Boyen in Lötzen
abgeführt und dort vorläufig internirt, während in ihrer Heimat der
Proceß wegen Hochverraths gegen sie vorbereitet wurde. Als Bebel
und Liebknecht aus eigener Machtvollkommenheit die Leitung der
Partei auf die Controlcommission in Hamburg übertrugen, wurde auch
Geib am 17. September verhaftet und nach Lötzen abgeführt. Es
bildete sich dann ein neuer, provisorischer Ausschuß in Dresden, wo
er ungestört blieb. Mit den Socialisten theilten bekanntlich einige
Dänen und Hannoveraner, namentlich aber Johann Jacoby, die lötzener
Gefangenschaft. Die preußischen Staatsangehörigen unter ihnen
wurden bereits am 24. October durch eine königliche Cabinetsorbre mit
Rücksicht auf die bevorstehenden Landtagswahlen in Freiheit gesetzt.
Die Braunschweiger gelangten erst am 16. November in ihre Heimat,
wo sie zunächst in Untersuchungshaft wegen Hochverraths blieben.

Anfang December trat der norddeutsche Reichstag zu seiner
letzten Session zusammen behufs Bewilligung neuer Kriegsanleihen,

7*

vornehmlich behufs Beschlußfaßung über die versailler Verträge mit den süddeutschen Staaten. In beiden Punkten stimmten nunmehr sämmtliche socialdemokratische Abgeordneten, auch die Lassalleaner, mit Nein; die Phrase der „Republik" hatte es ihnen angethan, so wenig eine Republik Gambetta-Thiers mit ihren Idealen zu thun hat. Auch bei Annahme der Titel Kaiser und Reich waren sie die einzigen Opponenten. Kurz nach Schluß des Reichstages wurden Bebel und Liebknecht am 17. December in Leipzig unter der Anklage des Hochverraths verhaftet, mit ihnen Adolf Hepner, der seit Kurzem als zweiter Redacteur des „Volksstaat" fungirte. Anfangs März 1871 fanden dann die Wahlen zum ersten deutschen Reichstage statt; sie ergaben den völligen Niedergang der socialdemokratischen Bewegung. Nur Bebel wurde in Glauchau gewählt mit etwa 7000 gegen 4000 Stimmen, welche Schulze-Delitzsch erhielt. Ende März wurden fast gleichzeitig die braunschweiger und die leipziger Gefangenen vorläufig aus der Untersuchungshaft entlassen; zur selben Zeit erklärte Schweitzer, daß er von der Leitung des allgemeinen deutschen Arbeitervereins zurückzutreten beabsichtige und nur noch bis zur Wahl eines neuen Präsidenten die Geschäfte fortführen werde. Am 30. April ließ er den „Socialdemokrat" eingehen, einen Monat darauf auch den „Agitator."

Die militärischen, polizeilichen und strafrechtlichen Proceduren gegen die Führer der eisenacher Fraction gehören zu den beklagenswerthesten Ereignissen jener Zeit, beklagenswerth nicht minder vom rechtlichen, wie vom politischen Standpunkte. Im Parlamente wurde gelegentlich die lötzener Kettenaffaire das einzige „schwarze Blatt" in der Geschichte des glorreichen Krieges genannt; wenigstens die Lichtseite hat sie noch, daß alle verfassungstreuen Parteien in ihrer Verurtheilung übereinstimmten. Es mag etwas von Treppenwitz darin sein, wenn man heute die bramarbasirenden Phrasen des Manifestes vom 5. September nur mit Heiterkeit lesen kann; damals mochten die „Narren und Schurken," mit welchen Karl Marx die ungeheure Mehrheit des deutschen Volkes in der größten Krisis seiner Geschichte regalirte, Ekel und Verachtung erzeugen, aber über die absolute Ungefährlichkeit des widrigen Geschwätzes konnten am wenigsten Behörden im Zweifel sein, die aus der beschlagnahmten Correspondenz ersehen mußten, wie sehr die Partei zu kämpfen hatte, um nicht von der Hochflut der nationalen Bewegung völlig verschlungen zu werden. Ganz und gar nicht ist die Sachlage dadurch

gebessert worden, daß den braunschweiger, wie den leipziger Ver=
haftungen gerichtliche Proceduren gefolgt sind. Im ersteren Falle
schrumpfte die Verfolgung wegen Hochverraths zusammen auf eine
Anklage wegen Vergehen gegen die öffentliche Ordnung, und diese
endete schließlich — und zwar nur auf Grund eines veralteten
Gesetzes des Herzogthums Braunschweig — mit einer Verurtheilung
wegen Theilnahme an einem gesetzwidrigen Vereine, die in so fern
wirkungslos war, als die drei resp. zwei Monate Gefängniß, zu
denen das Obergericht zu Wolfenbüttel Bracke, v. Bonhorst und
Spier verurtheilte, als durch die Untersuchungshaft verbüßt betrachtet
wurden. Im anderen Falle haben leipziger Geschworene im Früh=
jahr 1872 bekanntlich Bebel und Liebknecht der Vorbereitung des
Hochverraths für schuldig erkannt, Hepner freigesprochen, und die
beiden Ersten sind zu zwei Jahren Gefängniß verurtheilt worden,
allein es ist eben so bekannt, daß dieser Proceß nicht grade zu einem
besonderen Ruhmesdenkmal deutscher Rechtspflege geworden ist, und
als ein Musterbeispiel für die Zuständigkeit der Schwurgerichte für
Preß= und politische Anklagen läßt er sich nicht eben verwerthen. Es
kann auch gar nicht bestritten werden, daß sich die Angeklagten in
beiden Fällen geschickt, muthig und würdig benahmen, mit alleiniger
Ausnahme Hepners, der wie ein dummer Junge hallucinirte. Alles
in Allem bleibt es ein arger Mißgriff, daß man Liebknecht und
Genossen als Märtyrer einen Theil der Partie wiedergewinnen ließ,
welche sie als Parteiführer so vollkommen verloren hatten.

Wie tief die Actien der Bewegung standen, zeigt am besten der
Umstand, daß selbst Schweitzer, der noch nie verzweifelt hatte, jetzt
die Flinte in's Korn warf. Allerdings sind die näheren Motive
seines Rücktritts, wie bereits erwähnt, nicht völlig aufgeklärt. Immerhin
stand es mit seiner Fraction nicht so schlimm, wie mit der anderen;
der allgemeine deutsche Arbeiterverein bildete trotz alledem noch eine
respectable Organisation. Schweitzer selbst hat sich zu Verschiedenen
verschieden ausgesprochen. Am wahrscheinlichsten ist, daß ihm, um
einen trivialen, aber bezeichnenden Ausdruck zu gebrauchen, die ganze
Geschichte zu langweilig geworden war, um sie nochmals von vorn
anzufangen. Mit dem Besitze der Alleinherrschaft waren die spannenden
Nervenaufregungen verschwunden, die mit dem Ringen nach derselben
verknüpft waren; auch der edlere Kampf mit ebenbürtigen oder über=
legenen Gegnern war Schweitzer durch seine Wahlniederlage in
Elberfeld=Barmen verschlossen. Endlich mochte er als der weltmännische

Skeptiker, der er war, vorherfehen, daß ihn über kurz oder lang doch das Schickfal der „Verräther" ereilen würde; zu Rudolf Meyer hat er geäußert, daß auf treue Anhänglichkeit einer Partei von Arbeitern an ihre Führer nicht zu rechnen sei. Darin liegt eine unbestreitbare Wahrheit. Lassalle, Marx, Schweißer haben sie mehr oder minder erfahren; selbst Liebknecht, der in Bezug auf interessenlose und opfervolle Hingabe an die Sache über jenen Dreien steht, fängt an, sie zu erproben. Als ihm auf dem letzten Parteicongresse in Gotha das Jahresgehalt von tausend Thalern, das er als Redacteur des „Volksstaat" und der „Neuen Welt" bezog, ohne jeden Grund um ein Fünftel gekürzt wurde und er sich schweigend fügte, deducirte ein Biedermann, daß er bisher zu viel erhalten haben müsse, da er sonst doch protestiren würde! Ein anderer verlangte, daß Liebknecht aus der Redaction des Parteiorgans hinausgeschafft würde, man dürfe keinen Personen= cultus treiben. Es ist der gerechte Fluch Derer, welche den Neid der Masse aufregen, daß sie selbst als die ersten Opfer dieses Neides fallen.

An Schweißers Stelle wurde Hasenclever zum Präsidenten des allgemeinen deutschen Arbeitervereins gewählt; er ist es dann bis zur formellen Auflösung geblieben. Factisch hat die Geschichte des Vereins mit Schweißers Rücktritt ein Ende; was noch folgt, ist nur noch sein allmähliches Aufgehen in die communistische Agitation. Es zeigte sich nunmehr unwiderleglich, daß die Arbeiterbewegung, welche Lassalle ins Leben rief, mehr als allem Anderen der genialen Laune eines seltenen Geistes ihren Ursprung verdankte; sie war gediehen und gewachsen, weil sich nach Lassalles Tode in Schweißer ein Mann gefunden hatte, der fähig war, die Gedanken des Meisters zu verstehen und seine Pläne fortzuführen, aber sie mußte unrettbar in die völlige Negation des Communismus verfallen, sobald kein über= legener Geist an ihrer Spitze stand, der die besonderen Bedingungen ihrer Existenz mit den wechselnden Forderungen der politischen Lage in Einklang zu bringen wußte. Auch dies hat sich fort und fort als ein schlimmster Fluch der socialdemokratischen Bewegung gezeigt, daß, wer den Instinct der Massen zur Begehrlichkeit aufreizt, immer größere Opfer dem Löwen hinwerfen muß, der einmal Blut geleckt hat. Schon Lassalle wurde von den Geistern, die er erweckt hatte, weiter fortgerissen, als ursprünglich seine Absicht war; auch Schweißer wurde namentlich durch die Concurrenz von Liebknecht gezwungen, seine Forderungen immer höher und höher zu spannen; noch in den letzten Tagen seines Regimes kokettirte er mit der pariser Commune nicht minder, wie nur immer die Communisten selbst. Unter Hasenclever war nun gar kein Halten mehr. Hasenclever selbst ist durchaus bescheiden und einfach, gutherzig und wacker, eine biederbe Natur, welcher die hohlen Theaterphrasen gar nicht zu Gesichte stehen, ein preußischer Landwehrmann, der, als er im Reichstage die Mittel zur Fortführung des Krieges gegen Frankreich verweigert hatte, im Belagerungsheere vor Paris seine Pflichten als braver Soldat ohne Tadel erfüllte. Aber seine geistige Begabung ist gering, und zum Erben Lassalles und Schweitzers fehlte ihm nicht weniger denn Alles. Auch seine rechte Hand Hasselmann bot nach dieser Richtung hin keinerlei Ersatz; an diesem Charakter hat sich der verwirrende und verwüstende Einfluß des agitatorischen Treibens am schrecklichsten gezeigt. Aus dem frischen und kecken Knaben, der sich an Schweitzer anschloß, war im Laufe weniger Jahre eine der traurigsten Carricaturen unseres öffentlichen Lebens geworden, ein wüster Geselle, der nach außen und innen ein förmliches Studium aus der Unreinlichkeit machte. Der Mangel an Selbstachtung, den er in all' seinem Hantieren zur Schau trug, konnte ihm natürlich selbst unter fanatisirten Arbeitern keine Autorität verschaffen.

Von der Niederlage, welche ihre Bestrebungen durch den deutsch=französischen Krieg erlitten hatten, suchten sich beid: Fractionen zunächst durch eine unmäßige Glorification der pariser Commune zu erholen. Ihre Blätter erklärten es für „naive Unverschämtheit," als einige gutmüthige Gegner sie aufforderten, die Thaten der Communards formell zu desavouiren. Bebel trug bekanntlich diese Dithyramben bis auf die Tribüne des Reichstages. Wenn sie durch dies hoch=trabende Gebahren die Schwäche ihrer Position zu verdecken suchten, so hatten sie wenigstens für die Arbeiter nicht ganz unrichtig gerechnet; die Bewegung fing schon im Jahre 1871 sich wieder langsam zu heben an. Als die communistische Fraction am 12. August ihren Congreß in Dresden abhielt, musterte sie etwa 6000 Mitglieder, um die Hälfte weniger als im Vorjahre, aber an sich doch keine verächtliche Zahl! Um dieselbe Zeit gründete sie eine Reihe von Localblättern in Hamburg, Dresden, Braunschweig, Chemnitz; von diesen bestehen noch der „Braunschweiger Volksfreund" und die „Chemnitzer Freie Presse." Es war von Anfang an ein Hauptbestreben dieser Fraction, sich an möglichst vielen Orten durch die Presse anzusiedeln, während der allgemeine deutsche Arbeiterverein auch in dieser Beziehung an der

centraliſtiſchen Organiſation feſthielt; er begnügte ſich, mit dem Amtsantritte
Haſenclevers am 1. Juli 1871 den „Neuen Socialdemokrat" ins Leben zu
rufen und hat dann bis zu ſeinem Ende kein weiteres Organ gegründet.

Das Jahr 1872 bildet wieder einen entſcheidenden Wendepunkt
in der Geſchichte der Bewegung. Selbſtverſtändlich hätte alle eifrigſte
Agitation der Führer doch nicht ausgereicht, die ſchweren Schläge
wett zu machen, welche die Partei betroffen hatten; es war nicht die
Kunſt der Steuerleute, ſondern eine gewaltige Springflut von unten
her, die das Wrack vom Strande hob und wieder auf hohe See
führte. Die Schwindelperiode mit ihren hohen Arbeitslöhnen und
erfolgreichen Strikes, der Krach mit ſeinem Gefolge von Eleub und
Hunger, beide haben gleich erfolgreich Rekruten für die Socialdemokratie
geworben; der Rauſch wie der Katzenjammer ſind gleich taugliche
Geburtshelfer für eine Weltanſchauung, die von Extrem zu Ertrem
taumelt. Durch einen merkwürdigen Zufall traten, während die
Zuſtände für die wirkſame Ausbreitung der Parteigrundſätze ſorgten
die geiſtig führenden Perſonen ganz oder theilweiſe zurück. Schweitzer
ſchied freiwillig; Bebel und Liebknecht wurden im Frühjahr 1872
durch das Urtheil im leipziger Hochverrathsproceſſe auf zwei Jahre
ihrer wühlenden Thätigkeit entzogen; Karl Hirſch, nächſt ihnen der
Bedeutendſte, ging als Correſpondent mehrerer „Bourgeoisblätter"
nach Paris. Marx endlich erlebte im Herbſt deſſelben Jahres das
Herzeleid, daß ihm das Werk ſeines Lebens unter den Händen zerbrach.
Mit ſeiner geheimen Dictatur ging es nicht anders, als mit der offenen
Laſſalles und Schweitzers; die Geiſter, welche ſyſtematiſch zur Des=
organiſation erzogen wurden, ertrugen die föderaliſtiſchen Formen der internationalen Organiſation auf die Dauer ſo wenig, als ſie die centraliſtiſche
Form der nationalen Organiſation ertragen mochten. Die Internationale
hatte wegen des Krieges 1870 und 1871 keine Congreſſe abgehalten; erſt
am 5. September 1872 traten ihre Delegirten wieder im Haag
zuſammen. Hier kam die lange gährende Erbitterung über die Allein-
herrſchaft von Marx zur offenen Empörung. Er ſelbſt war zugegen.
Die Föderation des Jura beantragte Abſchaffung des Generalraths
und Unterdrückung aller Autorität in der Internationalen; ihr ſtanden
zur Seite die Mehrzahl der franzöſiſchen, italieniſchen, belgiſchen und
ſpaniſchen Delegirten. Engliſche Arbeiter waren faſt gar nicht ver=
treten; ihr geſunder, praktiſcher Sinn hatte ſich längſt von dem
phantaſtiſchen Treiben abgewandt; Marx behauptete keck, die Odger,
Bradlaugh und Genoſſen hätten ſich dem Miniſterium verkauft. Um

so zahlreicher waren deutsche Socialdemokraten da, 25 unter 65 Delegirten; sie erwiesen sich als die treuesten Knappen von Marx. Einer von jenen Leuten, die Schweizer wegen seiner Dictatur nicht genug verdächtigen und verleumden konnten, rief emphatisch: „Wir Deutsche sind autoritäre Socialisten. Wir halten für nothwendig, daß die Autorität des Charakters und des Geistes auch in der Gesellschaft respectirt werden muß. Sie wollen den fest organisirten Apparat der Reaction stürzen und decretiren zu diesem Zwecke die Anarchie in Ihren eigenen Reihen." Durch ein schlaues Manöver gewann Marx eine Art von Pyrrhussieg. Er ließ den Generalrath nach New-York verlegen und aus einigen Nullen zusammensetzen; alle Berichte, Beschlüsse ꝛc. sollten in beglaubigter Abschrift au ihn nach Landon gesandt werden. 26 Delegirte, vornemlich Deutsche, stimmten dafür, 23 dagegen, die Uebrigen enthielten sich der Abstim= mung. Damit war die Dictatur von Marx allerdings noch schranken= loser gemacht, aber die Minderheit durchschaute den Coup und schied aus, um eine neue Internationale zu gründen. Je schmählicher diese Niederlage war, mit um so größeren Worten schloß Marx den Congreß. Er sagte: „Wir läugnen nicht, daß es Länder giebt, wie Amerika, England, Holland, wo die Arbeiter zu ihrem Ziele kommen können durch friedliche Mittel. Wenn dies wahr ist, so müssen wir anerkennen, daß in den meisten Ländern des Continents die Gewalt der Hebel unserer Revolution sein muß; an die Gewalt wird man appelliren müssen, um die Herrschaft der Arbeiter zu etabliren. . . Was mich anlangt, so werde ich an meiner Aufgabe fortarbeiten; ich werde mich nicht von der Internationalen zurückziehen, und der Rest meines Lebens wird, wie meine vergangene Arbeitszeit, dem Triumphe der socialen Ideen geweiht bleiben, die, wir sind dessen sicher, eines Tages die Herrschaft des Proletariats herbeiführen werden." Abgesehen von diesen tönenden Redensarten, war das, was die Internationale noch an wirklicher Macht besessen hatte, mit dieser Spaltung zerstört.

Während aber der internationale Bund der Socialdemokratie auseinanderbarst, bereitete sich allmählich die Vereinigung der beiden Fractionen vor, in welche sie auf deutscher Erde gespalten war.

XII.

Wie viel mehr es die ungesunde Entwicklung der wirthschaft=
lichen Verhältnisse, als ein organisches Wachsthum der Partei war,
welche die Jahre 1872 und 73 zu so gesegneten für die deutsche
Socialdemokratie machte, geht am unzweideutigsten daraus hervor,
daß die organisirten Bataillone der beiden Fractionen keineswegs
zu unverhältnißmäßiger Stärke anschwollen; auf ihren Congressen
und Generalversammlungen musterten sie durchgängig je 8= bis
10,000 Mit lieder. Als sich im Januar 1874 bei den Reichs=
tagswahlen gegen vierthalbhunderttausend Stimmen für ihre
Principien erklärten, waren sie selbst nicht minder überrascht als
ihre Gegner.

Unter solchen Umständen bietet die engere Geschichte der Partei
in diesen Jahren wenig Augenfälliges und Bemerkenswerthes; nach=
dem definitiven oder zeitweisen Ausscheiden der bedeutenderen Führer
hat sie vielmehr etwas Graues, Oedes, Schattenhaftes. Die
Agitatoren niedrigsten Schlages führen das große Wort, zum Theil
ehrenwerthe, aber verschrobene Arbeiter, zum Theil freche und
gemeine Demagogen, die — wie namentlich bei der commu=
nistischen Fraction — durch ihren unzeitigen Weltbeglückungseifer
den berliner Mühlendamm um seine hoffnungsvollsten Sprößlinge
beraubten. Den meisten dieser „Apostel der Gegenwart", wie
Rudolf Meyer sie nennt, geschähe mit der bloßen Erwähnung ihrer
Namen schon viel zu viel Ehre. Wenigstens auf einen Theil dieser
Leute trifft der vielbeliebte Vorwurf von der „Vergeudung der
Arbeitergroschen" zu, der im Uebrigen nicht nur den Liebknecht,
Bebel, Hasenclever, sondern auch den Geib, Motteler, Most ꝛc.
gegenüber eine harte Ungerechtigkeit ist und eben so aus Gründen
der Klugheit, wie der Sittlichkeit billiger Weise auf immer ver=
stummen sollte.

Die bemerkenswertheste Erscheinung jener zwei Jahre ist das
Eindringen der socialdemokratischen Propaganda in die gebildeten
Schichten des deutschen Volkes, das sich freilich jetzt schon als eine
vorübergehende Erscheinung erwiesen hat. Wenn sich einzelne
Assessoren, Philologen, Rabbinatscandidaten ꝛc. wiederum vorzugsweise
der communistischen Partei, wo ihrer meist etwas brüchigen „Intelligenz"
das leichter zu erobernde Terrain winkte, namentlich als Redacteure
der Localblätter anschlossen, so mochten das mehr sporadische Fälle

fein. Aber auf den deutschen Hochschulen hat die Bewegung zeitweise schon recht festen Fuß gefaßt, wobei der vielberedete Katheder=socialismus keineswegs zuerst in Frage kommt. Die schnell fertige Jugend bleibt nicht auf halbem Wege stehen; Bebel und Liebknecht haben unter den Studenten einen Anhang gehabt, und sie haben ihn zum Theil noch, um den sie mancher kathedersocialistische Proffessor beneiden könnte. Wie vor einigen Jahrzehnten keine tiefer angelegte Natur die Fuchssemester überwand, ohne in ein paar verschwiegenen Heften mehr oder minder ephemere Ansprüche auf lyrische Unsterblich=keit zu erwerben, so ist jetzt oder war wenigstens bis vor Kurzem der Traum von der paradiesischen Welt des Communismus eine akademische Mode. Namentlich die Broschüren Lassalles wirken nach dieser Richtung mit feurigen Prophetenzungen; für junge und enthusiastische Gemüther haben sie in der That einen wunderbaren Zauber. Anderseits ist bemerkenswerth, daß, mit einziger Ausnahme von Hasselmann, keiner dieser Eliterekruten sich bisher dauernd der Bewegung angeschlossen hat; für alle ist früher oder später der Tag von Damascus gekommen. Es ist der banausische Haß gegen Bildung und Wissen, die siegessicherste Aristokratie der menschlichen Gesellschaft; das eintönige Traben in demselben engsten Kreise ein=gelernter Gedanken und Phrasen; der dumpfe, erstickende Druck der äußerlichsten Gleichmacherei, welche alle Naturen, die jemals in der geistigen Atmosphäre unserer großen Denker und Dichter geathmet haben, schneller aus der praktischen Organisation hinaustreiben, als sie der blendende Schimmer der Theorie hereingelockt hat. Die klügeren Köpfe der Partei sehen das vollkommen ein; namentlich Liebknecht sucht mit Vorliebe gebildete Leute an sich heranzuziehen, aber auf die Dauer vermag er nichts gegen den Zwang der Umstände, nichts gegen die Lebensbedingungen der ganzen Bewegung. Die commu=nistische Partei ist und muß sein ein Mikrokosmos des communistischen Zukunftsstaates; für Köpfe, die über die Masse emporragen, hat sie nur das Brandmal des „Verräthers". Dies vor Allem verurtheilt sie zu ewiger Erfolglosigkeit; diese Unmöglichkeit, sich die gebildeten und wissenden Elemente der Nation zu assimiliren, verdammt sie dazu, daß, wenn sie je durch einen verhängnißvollen Zufall die Gewalt an sich risse, ihre Herrschaft, selbst die besten Absichten vorausgesetzt, nichts sein würde, als ein Pöbelaufruhr von vierundzwanzig Stunden, dem der erbarmungslose Säbel eines Dictators ein eben so blutiges, wie schnelles Ende bereiten würde.

Die Führung der deutschen Socialdemokratie fiel seit dem großen Kriege mehr und mehr in die Hände der communistischen Fraction. Die Hauptursachen sind bereits angegeben, die Unmöglichkeit, in welcher sich der allgemeine deutsche Arbeiterverein befand, einen geistig ebenbürtigen Ersatz für Lassalle und Schweitzer zu finden; sein unabwendbares Verhängniß, weiter und weiter auf der schiefen Ebene hinabzugleiten, um die Concurrenz der Nebenbuhler zu besiegen, die den Arbeitern so viel glänzendere Zukunftsbilder entrollten. Dazu kam die weniger lärmende, aber geschicktere Agitation der social-demokratischen Arbeiterpartei. Sie verließ sich nicht allein auf das blecherne Geschwätz der stabilen Agitatoren, sondern benutzte als ihre vornehmsten Pioniere die fünfundzwanzig Soldaten Gutenbergs. Die publicistische Thätigkeit, welche sie entfaltete, war aller Ehren werth; namentlich die Gründung der zahllosen Localblätter erwies sich als ein erfolgreicher Coup. Viele derselben sind nur Eintags-fliegen gewesen, aber vielleicht ist keins ganz umsonst gegründet worden. Es ging damit ähnlich, wie mit den Gewerkschaften; der Arbeiter wurde an seinen nächstliegenden, den communalen und localen Interessen, gepackt, um dann an diesem unverdächtigen Leit-seile tiefer und tiefer in das communistische Labyrinth geführt zu werden. Nicht minder klug berechnet war die Massenverbreitung von Kalendern, die bis tief in die Kreise bringen, in welche vielleicht niemals ein Zeitungsblatt gelangt. Sie waren und sind bis in den kleinsten Vers, bis in die unbedeutendste Anekdote von der com-munistischen Weltanschauung getränkt; statt der Heiligen wurden für jeden Tag des Jahres bekannte, historische Namen gewählt und mit einer kurzen, aber kernigen Charakteristik versehen. Noch war keine Partei auf einen so fruchtbaren, so naheliegenden Gedanken zur Verbreitung ihrer Grundsätze gelangt! Dieser regen und vielseitigen Thätigkeit hatte die andere Fraction nichts entgegenzusetzen, als den „Neuen Socialdemokrat" mit den gepfefferten Phrasen Hasselmanns, die selbst für Arbeiter auf die Dauer ekel, schal und unersprießlich wurden, später noch die „Social-politischen Blätter", ein blechernes Unterhaltungsblatt, in welchem Hasenclever unmögliche Reime spann.

Durch diese Entwicklung der Dinge war der Sieg von Marx über Lassalle eigentlich schon entschieden; wann er sich äußerlich vollzog, im Grunde nur noch eine Frage der Zeit. Die ersten Einigungsversuche datiren zurück bis auf den Rücktritt Schweitzers; vorläufig blieben sie vereinzelte Phantasien einzelner Köpfe. Die perſönlichen und principiellen Gegenſätze waren noch zu groß. Erſt die Zeit ſtumpfte ſie allmählich ab, namentlich als die von den Laſſalleanern meiſtgehaßten Bebel und Liebknecht auf zwei Jahre in den Zellen der Hubertusburg verſchwanden. Die Communiſten blieben der alten „Verſöhnungs"praxis von Liebknecht treu; ſie ermatteten nicht in der zärtlichen Liebe, mit welcher ſie die feindlichen Brüder umgarnten; je heftiger die Anderen in inſtinctiver Ahnung des drohenden Verhängniſſes ſich ſträubten, um ſo kühler betrachteten ſie ſelbſt die Sachlage; „wir können warten", hieß es wohl auf ihren Congreſſen. Nur die „Intelligenzen" der Fraction widerſtrebten heftig; ſie hatten die Zuchtruthe von Schweitzer noch in zu böſer Erinnerung.

Der Ausfall der Reichstagswahlen von 1874 brachte zuerſt die Einigungsverſuche in ein praktiſches Geleiſe. Die Laſſalleaner eroberten zwar nur drei Sitze, die Eiſenacher dagegen ſieben, von denen einer durch den Verzicht Johann Jacoby's verloren ging, aber in die vierthalbhunderttauſend ſocialdemokratiſchen Stimmen, die überhaupt abgegeben wurden, theilten ſich beide Fractionen etwa zur Hälfte. Damit war die gleiche Macht Beider in der deutſchen Arbeiterwelt conſtatirt und ein Hauptgrund des Haders aus der Welt geſchafft. Ferner ſaßen Bebel und Liebknecht noch im Gefängniſſe; im Reichstage traten nur Geib, Moſt, Motteler, Vahlteich, Haſenclever, Haſſelmann und Reimer an, von denen Keiner den Anderen überragte; ſo war auch kein Grund zu perſönlichen Eiferſüchteleien und Häkeleien. Der unvermeidliche perſönliche Verkehr in einer Verſammlung, in welcher für ſie Feinde ringsum waren, näherte die Abgeordneten der beiden Fractionen einander; endlich erwies ſich die Logik der Thatſachen ſtärker als alle Querköpfigkeiten. Wenn jeder der beiden Theile eine ſo reſpectable Macht aufzuweiſen hatte, war es einfacher Wahnſinn, durch gegenſeitige Befehdung die erworbene Kraft lahm= zulegen. Man einigte ſich vorläufig dahin, in Frieden neben einander zu leben.

Das war der erſte Schritt zur Verſchmelzung. Als Liebknecht im Frühjahr 1874 aus dem Gefängniſſe kam — Bebel hatte noch eine weitere Strafe abzuſitzen —, ſah er, wie die Sachen ſtanden; auf dem diesjährigen Congreſſe ſeiner Fraction hinderte er das Be= ginnen einiger Heißſporne, das eiſenacher Compromißprogramm end= lich in ein rein communiſtiſches umzuwandeln. Die Vorſicht war nothwendig, denn noch war das gegenſeitige Mißtrauen ſehr groß und die Generalverſammlung der Laſſalleaner lehnte einen Antrag auf definitive Verschmelzung mit großer Majorität sehr entschieden ab. Hier schafften erst Wandel die heftigen Schläge, mit welchen im Sommer 1874 die berliner Polizei und Staatsanwaltschaft den allgemeinen deutschen Arbeiterverein verfolgte. Der Ausfall der Reichstagswahlen hatte die öffentliche Aufmerksamkeit auf das bedrohliche Wachsen der Socialdemokratie gelenkt; Tessendorff, der neu ernannte Staatsanwalt am berliner Stadtgerichte, begann die Curmethode mit einer auf die Dauer wenig erfolgreichen Drangsalirung der berliner Parteimitglieder. Bei den bekannteren Führern wurden Haussuchungen gehalten, eine Reihe von Gewerkschaften aufgelöst; als dem Vereine selbst das gleiche Schicksal drohte, verlegte Hasenclever seinen Sitz schleunig nach Bremen; bald darauf wurde er für Preußen verboten. Diese Verfolgungen wurden der zweite große Schritt zur Einigung. Die Lassalleaner suchten in ihrer argen Bedrängniß nach Unterstützung; bei den Eisenachern schwand der letzte Verdacht gegen die „Regierungssocialisten." Als Tölcke im Herbste 1874 aufs Neue die Anregung zur endgültigen Vereinigung gab, fand er auf beiden Seiten gleich geneigtes Gehör.

Die Vorverhandlungen über Programm und Organisation der neuen Gesammtpartei wurden zwischen Geib und Liebknecht einer-, Hasenclever und Hasselmann andererseits geführt. Die bisherige Entwicklung der beiden Fractionen, die geistige Ueberlegenheit Liebknechts, auch ein gewisser Antagonismus zwischen Hasenclever und Hasselmann, alles das wirkte zusammen, um schon bei diesen Berathungen die communistische Richtung den vollständigsten Sieg feiern zu lassen. Endlich, nach fast zehnjährigen Mühen, war Liebknecht mit den Compromissen fertig und konnte aus dem Vollen arbeiten. Einige formelle Concessionen, sie sind kaum der Rede werth, mußten zwar den Lassalleanern gemacht werden, und sie preßten Liebknecht auf dem gothaer Congresse den wehmüthigen Seufzer aus, auch dies Programm sei nur ein Compromiß, aber er konnte sich wirklich beruhigen. In dem neuen Programm steckten nicht blos die „letzten Consequenzen" des Communismus; es predigte ihn vielmehr baar und blank mit hinreichender Deutlichkeit. Auch die Organisation der Gesammtpartei wurde in allem Wesentlichen nach dem Vorbilde der communistischen Fraction gestaltet.

Beides, Programm und Statuten, sind dann mit kleinen Aenderungen auf dem Vereinigungscongresse angenommen worden, der vom 22. bis 27. Mai 1875 zu Gotha stattfand; sie dürfen als bekannt vorausgesetzt werden. Die Verhandlungen des Congresses bieten an sich keine bemerkenswerthen Momente. Dagegen ist die Statistik dieser Versammlung interessanter, weil zuverlässiger, als bei sonstigen Congressen und Generalversammlungen; da nur regelmäßig steuernde Mitglieder der beiden Fractionen vertreten sein durften, so sorgte die gegenseitige Eifersucht für eine penible Controle der Mandate. Vertreten waren gegen 25,000 Mitglieder, von denen gegen 9000 den Eisenachern, gegen 15,000 den Lassalleanern zugehörten. Die Sieger waren somit in beträchtlicher Minderheit, ein schlagender Beweis dafür, wie sehr Lassalles Agitation nur eine geistvolle Caprice war, die, ohne realen Boden, im Sumpfe des absoluten Nihilismus naturnothwendig versinken mußte. Verbreitet waren die Eisenacher über 144, die Lassalleaner über 148 Orte. 100 und mehr Mitglieder zählte die nunmehrige Gesammtpartei in etwa 50 Orten, und zwar in runder Summe: in Achim (200), Altona (1200), Augsburg (300), Gr.-Auheim (100), Barmbeck (150), Barmen (300), Berlin (2000), Bielefeld (150), Bloen Rosau (100), Brandenburg (400), Braunschweig (400), Bremen (600), Chemnitz (600), Coburg (100), Cöthen (100), Crimmitschau (500), Dortmund (200), Dresden (400), Duisburg (100), Elberfeld (200), Elmshorn (300), Erlangen (100), Essen (150), Forst (300), Frankfurt a. M. (500), Fürth (100), Glauchau (200), Hanau (200), Hamburg (1600), Hannover (400), Harburg (300), Iserlohn (200), Itzehoe (100), Kiel (200), Köln (300), Leipzig (800), Langenbielau (120), Magdeburg (100), Mainz (100), Minden (200), Nürnberg (800), Osnabrück (150), Ottensen (200), Rendsburg (200), Stettin (300), Stuttgart (200), Verden (150), Wandsbeck (200), Wilhelmshafen (100), Zürich (200). Erwägt man, daß in dieser Zusammenstellung nur die hauptsächlichsten Orte aufgeführt und nur diejenigen Mitglieder aufgezählt sind, welche ständig in die engere Parteiorganisation eingefügt, in engerem oder weiterem Kreise mehr oder minder unablässig für Ausbreitung der Parteigrundsätze sorgen, so wird man eine ungefähre Anschauung von der Dichtigkeit und Stärke des Netzes bekommen, mit welchem der Communismus die deutsche Arbeiterwelt umsponnen hat.

Mit dem Vereinigungscongresse von Gotha schließt der erste, definitive Abschnitt der Geschichte der deutschen Socialdemokratie. Ihn für ein Provisorium zu halten, auf neue Spaltungen zu rechnen und von ihnen große Erfolge zu erwarten, ist ein sehr gefährlicher Irrthum. Einzelne Absenker der Bewegung, die Lassalleschule in Leipzig, die Bräuer'sche Fraction in Hamburg, sind in den Ver-

schmelzungsproceß nicht hineingezogen worden, aber diese völlig ver=
sprengten Trümmer haben für die ·Zukunft noch weniger zu bedeuten,
als für die Gegenwart. Eben so bedeutungslos ist der lärmende
Abfall einzelner Mitglieder, der sich bei einer Partei dieses Kalibers
immer wiederholen wird; die Art, wie der Küster'sche Absagebrief
neuerdings ausgebeutet worden ist, beweist leider nichts als das
Maximum von Unklarheit, das noch in so weiten Kreisen über das
eigentliche Wesen der Bewegung herrscht. Die Vereinigung d. h. die
Aufsaugung des nationalen Socialismus durch den internationalen
Communismus, war das Ergebniß einer logischen Nothwendigkeit,
die immer mächtiger ist, als die Rivalität einzelner Personen, welche
in der jetzigen Gesammtpartei übrigens auch keineswegs in dem Um=
fange besteht, der ihren Bestand irgendwie ernsthaft erschüttern könnte.
Als die Communisten auf dem vorjährigen Congresse in Gotha die
letzten Früchte ihres Sieges in Sicherheit brachten und den „Volks=
staat" unter dem Titel „Vorwärts" zum alleinigen Parteiorgan er=
hoben, gab es noch eine heftige Erschütterung der neuen Freundschaft,
aber auch sie hat keine nachhaltigen Folgen gehabt. In so großen
Organisationen, die sich so breit und tief in die Bevölkerung ein=
gefressen haben, wirkt ein unverwüstlicher Lebenstrieb; der Selbst=
mord, den eine neue Scheidung bedeuten würde, ist so lange un=
möglich, so lange die Partei in ihrem gegenwärtigen Umfange be=
steht oder gar zunimmt. Dafür sorgt vor allem Andern der natür=
liche Instinct der Massen, der etwaigen Velleitäten der Führer augen=
blicklich den Garaus machen würde.

. Damit ist das Ziel erreicht, welches dieser Arbeit von Anfang
an gesteckt war. Sie bleibt vielleicht hinter berechtigten Erwartungen
zurück und gewiß hinter den Absichten, welche dem Verfasser bei ihrem
Entwurfe vorschwebten; aber als erster Versuch, eine der merk=
würdigsten Erscheinungen unserer Zeit von ihrer allgemein mensch=
lichen Seite zu schildern, erhebt sie Anspruch auf das nachsichtige
Urtheil des geneigten Lesers.